호텔회계원론
Hotel Accounting

머리말

오늘 동방연구실에서 호텔회계 발전을 위해, 커피 한잔과 창문 밖에 잠자리 한 마리 서로 마주보면서 가을 오후 햇살과 함께 자꾸만 시간은 간다. 그리고 자꾸만 생각이 난다. 하루에 한번쯤! 하늘을 보자. 잠시만……! 생각을 멈추고 하늘을 보자 잠시만……! 가을하늘을 보자. 잠시만……! 오늘은 이렇게 간다……!

호텔기업에서 왜 회계가 필요하며, 어떻게 응용되고 있는가를 깨달아 나갈 수 있도록 안목을 갖추도록 해야 하며 전공하는 학생들 일반 경영학, 경제학, 회계학은 물론 호텔경영학, 관광경영학 및 외식산업경영학과 같은 특수 분야의 경영학을 전공하는 학생들일지라도 회계정보에 대한 이해가 중요시 된다. 그리고 회계정보를 이용하여 간단한 업무 의사결정을 내릴 수 있어야 하며 그러지 않고서는 사회적으로 진출하여 합리적인 경제활동을 해나갈 수가 없다.

회계는 경영자나 자본주를 비롯한 이해관계자 모든 사람들에게 정보를 제공하여 의사결정을 할 수 있도록 하는 도움이 되는 학문이다.

우리사회에서의 경제활동은 기업·국가·학교 등 일정한 사회적 조직을 통하여 이루어지는데 이들 사회적 조직에 대하여는 이해관계를 가지는 개인이나 조직이 존재한다. 이들 이해관계자들은 자기 이익을 보호하기 위한 의사결정을 해야 하며, 합리적 의사결정을 위해서는 의사결정의 결과가 자기 이익에 어떠한 영향을 미칠 것인지를 알아야 한다. 이 결과에 영향을 미치는 요인 중에서 전제되고 있는 실체와 관련된 현상이 매우 중요한 부분이 될 수 있으며 회계는 이러한 현상을 화폐액으로써 나타내주는 것이라 할 수 있다.

회계는 기업이나 회사에서 발생하는 모든 경제 활동을 기록하고 기업주나 회사 이해관계자 들이 모두 보고 합리적인 판단과 의사 결정을 하는데 큰 영향을 끼친다. 이러한 회계를 처음으로 접할 수 있는 경영학과, 경제학과, 회계학과 등에서는 여러 회계 과목을 개설하고 있는데 이 중 가장 기본적인 내용을 배우는 과목이 회계원리

과목이다. 이 과목에서는 회계의 기본적인 정의와 거래가 일어났을 때 기재하는 장부나 결산 같은 내용을 가장 표준적으로 배우게 된다. 하지만 회계과목이 경영진과 교수님들에게는 중요한 과목으로 생각되고 있지만 학생들에게는 이해가 힘들고 지루한 과목으로 인식이 되고 있다.

따라서 좀 더 친근한 회계 그리고 생활 속에서 회계가 되어야 하며 경영진과 교수 그리고 학생 등 우리 모두가 회계 원리를 이해하고 가까이 할 수 있어야 한다. 이에 본 교재에서 중요시 강조 하고자하는 것은 회계원리 과목에서의 실습을 목적으로 하는 기업현장을 직·간접적으로 체험할 수 있는 회계의 대중적 활성화가 필요하다고 본다.

앞으로는 우리 나라의 호텔기업 특성과 회계환경에 적합한 독자적인 회계이론 및 실무를 개발하여 이론적으로 체계화되고 오늘날 금융 관계 이해를 돕고자 금융용어를 참고로 하였고, 호텔회계실무자에게도 합리적인 회계지침을 제공할 수 있는 호텔기업회계제도를 마련함으로써, 호텔기업 회계처리의 합리성과 통일성을 기할 수 있도록 하였다. 본 교재의 호텔회계는 이해하고 실습을 반복하는 것만이 가장 효과적인 학습방법이고 독자 여러분의 앞날에 영광이 있기를 기원하는 바이다.

동방 연구실에서

차 례

📊 Chapter 12_ 회계사 자격 전문직 ──────────────────────── 240

📊 Chapter 13_ 고정자산에 관한 기장 ──────────────────────── 254

Part 01

호텔회계의 기본개념

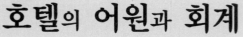

호텔의 어원과 회계

제1절 호텔의 역사와 개념 이야기

1. 호텔의 역사적 배경

호텔업의 근원적인 배경이나 성격을 알고자 할 때는 우선 호텔(hotel)의 어원부터 고찰해야 할 것이다. 호텔의 어원은 라틴어의 Hospitale에서 출발하였으며, 이 Hospitale에서 현대어의 병원을 뜻하는 Hospital이 파생되고 또 한편 Hostal, Inn, Hotel, Motel 등의 용어로 변천되어 이용되어지고 있다. 이 같은 어원을 살펴볼 때, 호텔은 성격상 고객의 휴식과 원기회복을 위해 일정한 서비스를 제공하는 곳으로 환대산업(hospitality industry)의 중추가 되는 산업이다.

원래 Hospital(병원)의 개념에서 시작되어 Hostel(기숙사 같은 숙박형태), Inn(규모가 작은 숙박시설) 등의 변천을 거쳐 오늘날의 호텔(Hotel)에 이르게 되었다. 중세의 숙박시설은 수도원을 중심으로 발달하였는데, 당시에는 병의 치료를 겸해 숙식을 제공해주는 시설을 갖추고 있었으므로 병원과 호텔은 같은 개념으로 인식되고 있었다. 이러한 의미에서 호텔과 같은 서비스산업을 영어로 Hospitality Industry라고 표현하는 것이다. Hospitality란 일반적인 서비스의 차원을 초월해 손님에게 정성이 담긴 최고의 예우로 가정을 떠난 가정(Home Away From Home)과 같은 서비스를 제공한다는 의미를 내포하고 있다.

호텔이란 일시적으로 주거지를 떠나 숙소를 찾는 여행자나 또는 일시적이거나 장기간 거주지로 삼으려는 자에게 적절한 숙박과 음식 기타 편의시설을 제공하는 대가로 일정 금액의 사용료를 징수하는 장소로 정의할 수 있다.

우리나라 관광 진흥법에서는 호텔을 '관광객의 숙박에 적합한 시설을 갖추어 이를 관광객에게 제공하거나 숙박에 부수되는 음식·운동·오락·휴양·공연 또는 연수에 적합한 시설 등을 함께 갖추어 이를 이용하게 하는 업'이라 정의하고 있다.

호텔은 영리추구가 최우선의 목적이다. 또한 지역사회에 기여하는 공익성과 숙박시설 및 기타 부대시설 보유를 들 수 있다. 덧붙여 식사를 제공할 수 있는 시설을 구비하는것과 행사 및 사교, 오락장소로서의 시설 보유, 비즈니스 활동을 지원할 수 있는 시설을 구비, 잘 교육되고 매너있는 종사원의 서비스 수반 등에 있다.

우리 나라에 호텔이 생기기 시작한 것은 1880년대 서양인들의 내왕이 빈번해지면서부터이다. 당시 서양인들이 우리 나라에 와서 가장 불편한 것이 숙박시설이었고, 그에 따라 서양인 상대의 호텔이 생겨난 것이다.

최초의 호텔은 1888년(고종 25) 일본인 호리가 인천에 세운 대불(大佛)호텔이다. 이 때에는 아직 경인선이 개통되기 이전이라 인천에 도착한 외국인들은 대개 하루 이상 인천에 머물렀기 때문에 호텔이 제일 먼저 생긴 것이다.

우리나라 최초의 호텔: 대불호텔 1888년 3층

1902년에 독일여인 손탁(Sontag)이 서울 정동에 손탁호텔을 세웠다. 1910년 이후 더 많은 외국인이 출입하게 되자, 1912년 부산과 신의주에 각각 철도호텔을 세웠는데 이것이 우리 나라 국영호텔의 시초이다. 그 뒤로 대도시의 역사 부근에는 호텔들이 세워졌다.

1914년에 세워진 조선호텔도 처음에는 철도호텔로 문을 열었다. 1915년 4월 24일 이 호텔에서 전조선기자대회가 열렸는데, 이것이 호텔에서 큰 규모의 공식회합을 연 시초이다. 철도호텔 이후로는 1940년까지 주로 휴양지에 호텔들이 세워졌다.

당시 호텔시설을 보면 방에는 거의 욕실이 갖추어져 있었으며, 각 방마다 탁상전화·세면소가 있었다. 또한 큰 식당과 사교실이 있어서 오늘날의 커피숍 구실을 하였으며, 주차장 시설과 옥상의 관망대도 있었다.

외국인만 호텔을 이용하는 것은 아니고, 내국인도 그 이용이 점점 커짐에 따라 세계유명호텔과의 체인화를 유치하여 서구식 대규모 관광호텔 건설을 촉진함과 동시에 한국고유의 분위기를 살린 관광호텔 건설 등 호텔이 고층화·다양화하면서 단순한 숙박업소에 그치지 않고, 커피숍·사우나·식당·아케이드 등 편의·판매시설을 겸했다.

오늘날과 같은 의미로 일반화 된 것은 1800년경에 영국에서부터 시작되었다. 이 의미는 호텔이 일반 대중에게 숙박 시설과 음식 그리고 이에 따른 부가 서비스를 제공하는 장소 혹은 시설로써 인식되기 시작했다는 뜻이며 영국의 산업혁명과 더불어 근대적인 호텔 산업이 발전하였기 때문이라고도 볼 수 있다.

1) 호텔의 어원

호텔의 어원은 손님, 나그네라는 뜻을 지닌 라틴어의 Hospes에서 유래되었다. 이 단어는 병원을 뜻하는 "Hospital" 혹은 Hospitalitys(융숭한 대접)에서 파생되었으며 또한 여행자들(순례자, 참배자, 나그네)이 휴식을 취하고 심신을 회복시킬 수 있는 간이 숙소의 의미를 지니고 있다.

호스피탈레(Hospitale): "순례 또는 참배자를 위한 숙소"라는 뜻의 라틴어

호스피탈(Hospital): ① 여행자의 숙소 또는 휴식의 장소(호텔의 뜻). ② 병자나 부상자를 치료하고, 고아나 노인들을 쉬게 하며, 간호하는 시설(현재 "병원"의 뜻으로 쓰임)

호스텔(Hostel)

호텔(Hotel)

호텔업의 근원적인 배경이나 성격을 알고자 할 때는 우선 호텔(hotel)의 어원부터 고찰해야 할 것이다. 호텔의 어원은 라틴어의 Hospitale에서 출발하였으며, 이 Hospitale에서 현대어의 병원을 뜻하는 Hospital이 파생되고 또 한편 Hostal, Inn, Hotel, Motel 등의 용어로 변천되어 이용되어지고 있다. 이 같은 어원을 살펴볼 때, 호텔은 성격상 고객의 휴식과 원기회복을 위해 일정한 서비스를 제공하는 곳으로 환대산업(hospitality industry)의 중추가 되는 산업이다.

원래 Hospital(병원)의 개념에서 시작되어 Hostel(기숙사 같은 숙박형태). Inn(규모가 작은 숙박시설) 등의 변천을 거쳐 오늘날의 호텔(Hotel)에 이르게 되었다. 중세의 숙박시설은 수도원을 중심으로 발달하였는데, 당시에는 병의 치료를 겸해 숙식을 제공해주는 시설을 갖추고 있었으므로 병원과 호텔은 같은 개념으로 인식되고 있었다. 이러한 의미에서 호텔과 같은 서비스산업을 영어로 Hospitality Industry라고 표현하는 것이다. Hospitality란 일반적인 서비스의 차원을 초월해 손님에게 정성이 담긴 최고의 예우로 가정을 떠난 가정(Home Away From Home)과 같은 서비스를 제공한다는 의미를 내포하고 있다.

호텔이란 일시적으로 주거지를 떠나 숙소를 찾는 여행자나 또는 일시적이거나

장기간 거주지로 삼으려는 자에게 적절한 숙박과 음식 기타 편의시설을 제공하는 대가로 일정 금액의 사용료를 징수하는 장소로 정의할 수 있다. 우리나라 관광 진흥법에서는 호텔을 '관광객의 숙박에 적합한 시설을 갖추어 이를 관광객에게 제공하거나 숙박에 부수되는 음식·운동·오락·휴양·공연 또는 연수에 적합한 시설 등을 함께 갖추어 이를 이용하게 하는 업'이라 정의하고 있다.

호텔은 영리추구가 최우선의 목적이다. 또한 지역사회에 기여하는 공익성과 숙박시설 및 기타 부대시설 보유를 들 수 있다. 덧붙여 식사를 제공할 수 있는 시설을 구비하는 것과 행사 및 사교, 오락장소로서의 시설 보유, 비즈니스 활동을 지원할 수 있는 시설을 구비, 잘 교육되고 매너있는 종사원의 서비스 수반 등에 있다. 호텔은 규모, 숙박시설, 체재기간, 경영방식, 관광진흥법상의 분류로 나눌 수 있다.

먼저 규모면에서는 소형, 중형, 중형이상, 대형, 초대형 호텔로 다시 나뉘어 진다. 소형호텔은 객실이 50실 미만(예 여관)이고, 중형호텔은 객실 50~150실 미만, 중형이상호텔은 객실 150~300실 미만, 대형호텔은 객실 300~500실 미만, 초대형호텔은 객실 500실 이상으로 한다.

2) 호텔의 개념

- 웹스터 사전(webster dictionary): "객실과 식사를 갖추고 대중을 위하여 봉사(奉仕)하는 건물 또는 공공단체(Webster defines a hotel as "a building or institution providing lodging, meals and services for the public")
- 옥스퍼드(oxford): 여행자를 위하여 객실과 식사를 제공하는 건물(a building where meals and rooms are provided for travellers)
- 일반적 정의: 일정한 지불능력이 있는 사람에게 숙소와 식음료를 제공할 수 있는 시설을 갖추고, 공공사업체로서의 사명을 다하는 서비스 업체
- 우리나라 관광 진흥법상의 관광숙박업(호텔)의 정의: 관광객의 숙박에 적합한

구조 및 설비를 갖추어 관광객에게 숙박시설을 이용하게 하고 음식을 제공하는 업

✐ 호텔의 기능
　① 인적 서비스 기능: 호텔 종사원이 고객들에게 제공하는 서비스 안내 및 판매, 객실 정비, 접객 서비스
　② 물적 서비스 기능: 고객에게 호텔 시설을 제공하는 기능
　③ 기타 서비스 기능: 기계, 시설 및 정보의 활용으로 고객의 편의 제공(컴퓨터, 팩시밀리 등)

오늘날 나라마다 개념은 약간씩 다르나, 보통 일정한 지불 능력이 있는 사람에게 숙소와 식음료를 제공할 수 있는 시설을 갖추고, 고객이 원하는 서비스를 제공하는 장소 또는 그러한 서비스 업체를 가리킨다. 유럽의 호화롭고 사치스러운 경향의 호텔이 대중성을 잃고, 미국을 중심으로 편리함과 쾌적함을 추구하는 새로운 개념의 호텔이 등장하고 있다. 호텔은 서양의 숙박시설이지만, 단순히 서양식 숙박으로만 말해선 아니될 만큼 근대적인 시설을 정비한 고급의 숙박시설이다. 인(inn)의 명칭을 사용하고 있는 일부의 숙박시설을 제외하고는 오늘날 거의 모든 숙박시설이 호텔이라는 명칭을 사용하고 있어 마치 숙박시설의 대명사처럼 되고 있다. 우리나라에서도 "공중위생관리법"과 "관광진흥법"에서 호텔은 고급의 숙박시설이고, 관광객에게 대응하는 관광숙박업의 일종으로 정의되어져 있다. 최근에 와서 도시에 있는 호텔은 다각경영으로 숙박시설만이 아니라 연회장, 회의실, 결혼식장, 매점, 고급의 레스토랑, 그릴, 바, 오락실, 운동시설, 국제회의, 전시, 이벤트 등 다양한 용도로 활용 된다.

3) 관광숙박업의 분류

✐ 호텔업: 관광호텔업(종합관광호텔업, 일반관광호텔업), 수상관광호텔업, 한국전통호텔업, 가족호텔업

✎ 휴양콘도미니엄업

2. 호텔의 발전사

1) 호텔의 발전

(1) 고대의 숙박시설

여행 본격적 시작은 그리스 시대를 말한다.

(2) 중세의 숙박시설

수도원의 별도 건물들을 말한다.

2) 근대의 숙박시설

(1) 16세기 유럽의 그랜드 투어가 17세기 귀족들 사이에 일반화되었다.
(2) 오늘날 기업형태의 호텔 출현은 18세기 이후 영국의 산업혁명을 계기로 한 시대적 요청의 산물이다.

▦ 세계적 역사호텔

① 독일의 근대호텔: 바디셰호프
② 프랑스: 르그랑호텔
③ 미국: 1794년 시티호텔: 세계 최초이고, 미국 최초는 뉴욕에 있다.

3) 현대의 숙박시설

  (1) 힐튼: 체인방식
  (2) 윌슨: 프랜차이즈 방식(저가정책)

4) 우리나라

  ### (1) 초기 ~ 고려시대

    🖉 삼국사기: 숙박시설에 관한 최초의 기록
    🖉 신라, 소지왕 9년 '역관': 관리들이 지방 순찰시 숙소로 이용
    🖉 통일신라, 장보고 '신라방': 당나라를 찾는 신라인의 숙소
    🖉 고려시대, 〈참역제〉: 역마를 두고 공무로 왕래하는 관리에게 교통 및 숙박
      의 편의제공

  ### (2) 조선시대

    🖉 고려시대의 참역제 지속: 전국에 537개의 역
    🖉 새로운 숙박시설인 〈관〉: 공무여행자, 관리를 위해 지방관 위에 설치
    🖉 하급숙박시설 〈원〉: 점차 제한되어 점(주막)이 발달

  ### (3) 개항 ~ 1950년대

    🖉 19C말, 서구문물 유입, 외국인 방문 → 전통적 숙박시설의 변화
    🖉 1888년 인천 〈대불호텔〉: 우리나라 최초의 호텔
    🖉 1902년 서울 정동 〈손탁호텔〉: 최초의 근대적 호텔, 처음으로 프랑스 요리
      제공

① 철도호텔 등장

　🖎 1912년 〈부산철도호텔〉: 최초의 철도 호텔

　🖎 1912년 신의주 철도 호텔

　🖎 1914년 〈조선호텔〉: 호텔이 처음으로 회의 장소로 이용

② 상용호텔 등장

　🖎 1936년 〈반도호텔〉: 최초의 상용호텔(이 시기는 우리 국민의 여행이 제한되어 일본인, 외국인을 위한 시설)

③ 민영 호텔 등장

　🖎 1952년 대원호텔: 최초의 민영 호텔

　🖎 1955년 금수장 호텔: 지금의 소피텔 엠버서더의 전신

　🖎 1959년 M.O.T가 직영한 호텔(서울반도, 조선, 지방의 8개 호텔 등 10개)

(4) 1960년대 이후

① 1960년대의 호텔업

　🖎 1961년 8월 관광사업 진흥법: 시설기준이 우수한 호텔을 관광호텔로 지정
　　(메트로 호텔, 아스토리아 호텔, 뉴코리아 호텔, 사보이 호텔, 그랜드 호텔)

　🖎 1963년 〈워커힐〉: 최초의 휴양지 호텔

　🖎 1965년 PATA 개최. 서울: 호텔의 중요성 인식

② 1970년대의 호텔업

　🖎 1970년 조선호텔: 국내에서는 처음으로 자본과 경영을 분리경영

　🖎 1970년 관광호텔 등급제도, 관광호텔 지배인 자격시험제도 실시

　🖎 1976년 서울 프라자 호텔

　🖎 1978년 Hyatt HTL, 부산조선비치호텔, 경주코롱호텔

✐ 1979년 HTL 신라 개관을 시작으로 1979~1980년 사이에 HTL 롯데, 경주조
선호텔, 경주도큐호텔, 부산서라벌호텔, 서울가든호텔 등 대형호텔 개관

③ 1980년 이후

✐ 1983년 Hilton HTL, 제53차 ASTA 개최

✐ 1986년, 1988년 이후 외국 체인 호텔 개관: 스위스 그랜드 호텔, 인터컨티넨
탈, 라마다 호텔, 롯데월드호텔 등

✐ 1990년 제주 신라가 resort hotel로 개관 우리나라 호텔업의 발전

관광발전사

· 일제통치로 여행은 극도로 제한, 관광사업은 일본인이 독점
· 한반도와 만주 사이에 철도 개통
· 1929년 일본항공의 항공노선 개설

호텔발전사

· 부산철도호텔(1912년): 최초의 철도 호텔
· 이어서 신의주, 금강산, 온양온천, 장안사 철도호텔 등 개관
· 조선경성철도호텔(1914년): 서양요리발전, 중요회의장소로 이용
· 반도호텔(1936년): 최초의 상용호텔, 당시 최대의 시설과 규모

1960년대는 한국에 있어서 관광에 대한 개념일 생겨나고 관광산업의 기반조성
과 국제관광객 유치를 위한 체제정비시기로써 관광 진흥 및 관광자원의 개발에
의미를 부여하기 시작했다. 특히, 5·16혁명 이후 국가의 경제개발정책에 따라 전
국 대도시에 산업시설이 건설되고, 농어촌의 유휴노동력이 대규모 도시로 집중되
기 시작하고 도시민들은 공업화과정에서의 정신적 스트레스와 도시의 혼잡을 피
하려는 관광형태를 보이게 되고 이것은 일상생활을 탈피하여 기분전환이라는 욕
구와 생활의 변화를 추구하려는 욕구가 싹트게 되었다.

1960년대에 들어서면서 관광사업은 정부의 정책적인 지원과 민간기업인들이 노력으로 외화획득 산업으로서 괄목할 만한 성장을 하게 되었다. 1961년 8월 22일 관광진흥법의 제정과 다음해 제정된 시행령 및 시행규칙은 관광호텔들에게 획기적인 발전의 계기를 부여하였다. 특히 시설을 기준으로 우수한 호텔을 선정, 관광호텔로 분류하여 적극적인 행정지원을 하기 시작하였다. 당시 최초의 관광호텔로 선정된 호텔은 메트로호텔, 아스토리아호텔, 뉴코리아호텔, 사보이호텔, 그랜드호텔 등이 있다.

3. 회계의 중요성

기업(또는 법인)의 이익과 손해, 재산과 채무 등을 기록함으로써, 그기업(또는법인)이 잘 운영되고 있는가, 앞으로도 잘 운영될 것인가, 문제가 있다면 어떤 분야에서 문제가 있는가 등을 판단하는데 중요한 자료가 됩니다.

회계의 근본 기능은 회게시설을 있는 그대로 기록한다는 것을 전재로 한다. 기업이 이해관계자, 즉 경영자, 주주, 채권자 감시인 관청 등의 요구에 응할 수 있는 회계기능을 수행할 필요가 있다. 이러한 회계기능에는 이익측정기능 경영관리기능 정보전달기능 있다.

1) 이익의측정기능

영리를 목적으로 하는 기업에서는 정확한 이익산정(손익계산)이 회계의 핵심이 되고 영속적인 기업활동 기간으로 나누어 일정기간마다 이익을 측정한다.

기간이익 측정을 위해서는 영업이익계산뿐 아니라 동일기간내 회사자산에 대한 계산도 필요하게 되며, 복식부기수법에 의해 이익계산과 자산계산이 동시에 수행된다.

2) 경영관리기능

경영자의 입장에서 기업을 관리 통제하기 위한 기능이다. 이익관리 원가관리 자금관리 예산통제등의 형식으로 이루어지는 경영활동의 회계적 관리기술이 이에 해당된다. 경영관리기능은 이익측정기능과는 달리 사후 기록계산에 한정하는 것이 아니고 사전 계산적 미래적 성격까지 갖는다.

3) 정보전달기능

일정한 규칙에 따라 매일의 기록을 계산, 처리한 뒤 보고서를 작성하여 경영관리자 주주 채권자 관청 등에 보고하는 기능이다. 이 가운데 경영관리자에 대한 정보전달을 〈관리회계〉라 하며 그들의 관리활동에 유효한 회계자료를 제공하여 기업내의 한정된 자원들을 적절히 이용하도록 조치하는 일이다. 외부의 주주 채권자등에 대한 정보전달은 기업의 경영성적 및 재정상태를 공개하고 기업의 실태를 판단할 수 있는 자료로서 제공되는 것이므로 법률적으로 제도화되어 있어 제도회계라고도 한다. 각 관청에 대한 전달은 납세의무를 수행하기 위한 납세신고서나 공공기관이 실시하는 통계작성을 위한 자료로서의 회계정보 등 국가나 지방공공단체에 대한 각종 보고서를 통한 정보제공을 말한다.

🔲 제조기업과 호텔기업의 차이

호텔회계 역시 기업회계기준원칙에 의거하여 기록 계산 정리 한다.

호텔회계는 특수회계에 속합니다. 계정과목에서 조금의 차이는 있지만 다른 사항들은 모두 일반 회계와 같아요. 호텔회계는 미국의 회계원칙에 의해 기록되어지는 회계인데 현재 우리나라 기업들 특히 호텔기업들은 대부분 기업회계원칙에 의해 작성됩니다. 즉 세금과 공과부분의 면허세, 협회비는 판매비와 일반관리비 항목의 세금과공과에서 기장하면 됩니다.

4. 호텔 회계의 정의와 정보

　호텔회계는 다음과 같이 두 가지로 요약하여 정의할 수 있다. 첫째, 호텔 회계란 호텔 내에서 발생한 모든 거래를 분류·요약하고 이렇게 분류된 거래의 수치를 계산하는 것을 말한다. 이때 호텔회계의 주체는 호텔 자체가 되며 호텔경영자와는 분리된 독립된 개체로서 존재한다.

　둘째, 호텔회계는 호텔과 이해관계에 있는 정보 이용자들로 하여금 바람직한 의사결정을 할 수 있도록 정보를 제공하는 것을 말한다. 예전에는 회계란 단순히 발생한 거래를 장부에 기록하고 계산하는 역할로만 알고 있었으나 현대 사회에서 회계는 보다 넓은 의미로 해석되어지고 있다. 예를 들어 갑 호텔의 경영자가 을 호텔을 인수하고자 할 경우 갑 호텔의 경영자는 을 호텔에 관한 정보 즉, 자산, 부채, 매출액, 순이익, 미래 가치 등과 같은 회계 정보를 필요로 할 것이다. 이러한 회계 정보를 통해 갑 호텔의 경영자는 바람직한 의사 결정을 할 수 있을 것이다. 그러므로 호텔과 이해관계에 있는 정보이용자들 즉, 경영자, 종사원, 주주, 정부 등이 새로운 사업을 시작하고자 할 때 위험은 최소화하면서 동시에 투자 수익은 높이고자 할 때 호텔 회계정보를 이용하게 되는 것이다. 신뢰성 있는 정확한 회계정보는 이러한 까닭에 중요한 것이다.

마리나 베이 샌즈

1. 회계 이론과 기원

회계는 인간의 문명과 더불어 발달하여 왔다. 인류가 회계기록을 행한 사실은 고대 바빌로니아와 이집트·그리스 및 로마시대 등에서 찾을 수 있다. 고대 바빌로니아인이 상거래의 회계기록을 이해하고 있었음은 B.C. 2285~2242년의 함무라비왕이 기초한 함무라비법전에서 찾을 수 있다. 상업기록으로는 노예, 우마, 토지, 금전 등의 매매 내지 대여 기록 등이 있다.

고대 이집트에서는 B.C. 3000년경부터 왕실의 재정을 상세하게 기술하였다. 이때의 기록관은 매우 높은 관직으로 인정되었고, 그의 최고의 직무는 세입세출에 관한 국고를 기록하는 것이었다. 당시의 금, 은, 동 등은 화폐로서의 충분한 가치로 인정되지 못했으며, 물물교환에 따르는 물량기록이 더욱 일반적이었다. 이집트인이 회계를 행한 사실은 B.C. 2000년의 헤프제피계약이나 B.C. 400년경의 팁튜니스 고문서에 의해 알 수 있으며, B.C. 2~1세기의 맥주판매업자와 기와 제조업자의 계산서에 의해서도 추측할 수 있다. B.C. 3000년경에 아테네에서는 재정의 기록을 아포덱타애라고 하는 열 사람의 관리가 담당하고 화폐의 수지기록이나 채권·채무기록을 행하였으며, 로지스타애 또는 유스노이라고 하는 회계검시관이 회계서류를 감사하였다. 또한 은행회계로서는 트라페치타애라는 은행가가 중심이 되어 환·대출·예금업무를 처리하기 위해 비망록을 거쳐 원장에 이기되었으며 당좌출납장도 변용된 회계장부제도를 가졌었다는 기록이 있다. 또 B.C. 6세기경부터 로마시대의 회계는 원로원 밑에 재무관 및 호구조사관에 의해 매 5년마다 실시한 센서스가 로마회계의 출발점이 되었다. 특히 센서스는 과세부담의 공평을 기하자는 것이었으며, 토지, 동산, 채권이 과세대상이 되었다. 이를 위해 상세한 회계기록이 필요했고, 현금수지나 재산일람표가 작성되었다.

1) 송도부기의 역사

송도부기는 한국 고유의 전통 복식부기 시스템이다. 주로 송도상인들이 많이 사용하는 기장방법이었기 때문에 [송도부기]라는 이름이 부여되었을 뿐, 실제로는 관청과 민간 전반에 걸쳐 사용되었다.

송도부기의 시원은 아직 밝혀진 바가 없다. 고려왕조(918~1392)때부터 있었다고도 하나, 아직 그 문서적 증거는 발견된 바가 없다. 현재는 주로 개항(1876) 이후의 송도부기 문서만 발견되고 있다. 하지만 개항하자마자 서양부기를 개량한 송도부기를 사용할 수는 없었던 것이므로, 송도부기의 시원은 개항 훨씬 이전이라는 것은 확실하다. 다만 그 최초의 것이 발견되고 있지 않을 뿐이다.

우리나라에서는 12세기경 즉 고려시대 중기로부터 당시 전국의 상권을 장악하였던 개성 상인들을 중심으로 '사개 송도 치부법'이라는 독창적인 부기법(흔히 '송도부기'라고 함)이 사용되었고, 서양의 복식부기와 그 근본원리에 있어서 일치하고 있을 뿐만 아니라 그 이론상이나 실무상으로 조금도 손색이 없는 것으로 밝혀졌다. 이것은 조선시대의 말에 이르기까지 사용되었으나 일제의 침입과 함께 서양의 복식부기가 도입되어 구시대의 유물이 되어 버렸다. 개성부기의 장부는 아니지만 개개 기업에 따라 약간의 변화가 있을 수 있는 것을 종합적으로 요약하여 실무상의 최대공약수만을 뽑아내어 정리한 "현병주"의 저서 〈사개 송도 치부법〉이 발견됨에 따라 우리나라 복식부기의 생성과 발전에 귀중한 자료가 되고 있다.

2) 사개 송도 치부법

사개는 거래 내용을 기록하는 데 꼭 필요한 4가지, 즉 주는 사람, 받는 사람, 주는 것, 받는 것을 가리킨다. 사용되는 장부로는 일기(日記)와 장책(帳冊) 및 기타 각종 보조부가 있다. 거래가 발생하면 먼저 일기에 기입하는데, 모든 거래는 사람과 사람이 주고 받는 것으로 그 사람의 이름이나 상호를 써서 서술적으로 기록한다.

다음에는 장책에 거래처마다 별도의 계좌를 만들어 기입한다. 이러한 치부법은 개성상인들 사이에 비밀로 전수되고 발전되어서 그 기원에 대하여 정확하게 고증할 수는 없으나, 고려의 전성기(11~13세기초)에 생겨난 것이라고 추측된다. 고려시대에 복식 부기가 발생할 수 있는 요인으로는 상업의 발달, 특히 송나라·아라비아 상인들과의 국제 무역, 화폐의 유통, 신용, 위임 등의 사회·경제 조건 외에 서법과 산술 등도 충분히 발달되어 있었던 점을 들 수 있다.

사개치부법의 장부조직에는 주요부로서 일기장과 장편이 있었다. 원래 간단한 거래의 기록은 일기장으로 충분하였으나, 거래의 상대자가 많아지고 대량으로 복잡해지면, 자연히 거래 상대자별의 기록이 별도로 필요하게 되었으며, 그래서 일기장에서 전기된 장편이 생겨나고 그것은 거래 상대자별로 계정기록이 되었다.

2. 산업혁명과 회계의 발달

산업혁명은 18세기말부터 19세기 중엽에 걸친 기술혁신에 따른 변혁으로서 영국에서 시발하여 프랑스·독일·미국으로 전파되었으며, 19세기와 20세기초에 영국과 미국에서의 획기적인 공업기술의 발달은 회계환경을 크게 변화시켰고 회계영역도 크게 확대시켜 회계이론이나 실무기법을 심화시켰다. 그 중요사항은 기술의 발달과 제조공업의 확대로 제품의 정확한 원가계산이 매우 필요하게 되었으며, 그로 인하여 재고자산의 평가문제, 제조간접비의 예정배부, 노무비의 세부적 파악 등 일련의 원가계산방법이 발달되었으며, 계상된 원가액은 제품가격의 결정수단으로 활용되었다는 점이다.

감가상각에 관한 회계적 사고 역시 산업혁명 이전에는 별로 중요시 되지 않았었다. 그 이유는 당시에 대부분의 기업이 소규모이므로 고정자산에 대해 별로 중요하게 여기지 않았기 때문에 감가상각비를 감안한 정확한 손익계산의 필요성을 느끼지 못했기 때문이다. 그러나 20세기초에는 자산의 정확한 평가, 원가계산의 정확성, 나아가서 기간손익의 정확성을 기하기 위해서 취득원가를 기준으로 감가상각의 계상은 자산평가나 손익 및 원가계산에서 매우 중요시 되었다.

3. 회계의 뜻

회계란 기업 경영에 있어 그 기업이 소유하는 현금, 상품등의 각종 재화의 증가, 감소, 채권, 채무 및 자본의 증감 변화를 일정한 원리원칙에 따라 조직적으로 기록, 계산, 정리하여 그 원인과 결과를 명백히 밝히는 것을 말한다.

회계는 이해관계자에게 정보를 제공하고, 자산, 부채, 자본의 증감변화를 기록, 계산, 정리하는 것을 말하며, 정보이용자에게 그들의 의사결정을 위한 경영활동의 결과를 기록하고 요약하여 전달하는 의사결정 정보시스템이라 할 수 있다.

주변 이해관계자 예로 내부관계자(경영자, 종업원 등)와 외부관계자(협력업체, 은행, 자금대여자 등)을 말한다.

따라서 기업의 경영 활동에서 일어나는 각종 재산의 증감 변동 사실과 그 원인을 일정한 원리, 원칙에 따라 기록, 계산, 정리하여 기업의 회계정보이용자들에게 전달하는 과정이다.

▦ 회계 정보의 활용과 의사결정분야

〈기업이 설립되면〉

① 투자자: 투자 목적에 적합한 정보 필요하다. 예 돈을 투자한 사람
② 금융기관: 기업에 자금 대여를 결정 할 때 필요한 정보 필요하다. 예 채권자
③ 기업 경영자: 경영 의사 결정에 필요한 정보 필요하다. 예 사장, 종업원
④ 세무당국: 적정한 과세 소득의 산정에 적합한 정보 필요하다. 예 세무서

일점시점의 호텔기업의 재무상태와 일정기간의 호텔기업의 경영성과 등을 파악하여 호텔기업의 이해관계자들의 의사결정에 유용한 정보를 제공함을 목적으로 한다.

호텔기업의 영업활동과 이해관계자에게 그들이 필요로 하는 정보 제공하는 것이다. 호텔회계란 호텔 정보이용자가 의사결정을 내릴 때 유용한 정보를 제공하기위하여 경제적 사건을 식별, 측정, 분류, 요약, 전달하는 과정으로서 회계주체를 호텔기업으로 한 것이다.

1) 회계의 목적, 유용성

① 기업의 재무상태와 경영성과를 파악한다.
② 경영자에게 경영방침과 경영계획을 세우는 자료를 제공한다.
③ 채권자 및 투자자들에게 경제적 판단을 할 수 있는 회계정보를 제공한다.
④ 정부에 과세의 기초자료를 제공한다.

(1) 회계와 부기

① 부기: 원래는 장부 기입의 약칭으로 거래를 일정한 원리에 따라 자산, 부채, 자본, 수입, 비용으로 기록 계산하여 그 증감 변화를 추적

(2) 회계의 유용성

① 재무회계의 기초가 된다: 외부이해관계자에 대한 외부보고를 수행
② 관리회계의 기초가 된다: 내부이해 관계자가 회계에 의해 효과적, 효율적 경영을 추구할 수 있다.
③ 사회적 차원에서 경제적 실체의 사회적 역할과 책임을 평가하는데 이용

2) 사회적 자원의 배분과 수탁 책임

(1) 사회적 차원의 최적 배분

① 개인 수준: 정보 이용자는 경제적 의 사 결정을 하는데 있어 위험과 이익을 비교 평가하여 최선의 대체 안을 선택하는데 회계정보 이용
② 기업 수준: 관리 회계와 관련, 경영계획의 수립과 경영통제의 촉진을 위하여 회계정보를 관리적으로 이용
③ 사회 수준: 국가의 경제적 자원을 최적 배분하려고 함

(2) 수탁 책임

① 경영자가 주주, 투자자, 채권자 등 이해관계자의 위임에 따라 기업의 자원을 효과적으로 관리 경영할 책임
  • 수탁 책임의 기능: 경영자가 이해 관계자, 특히 소유주의 위임을 받아서 기업의 재산을 관리 보고하는 기능

4. 호텔회계의 의의

회계(accounting)란 용어는 우리말로 셈을 뜻한다. 따라서 돈을 계산하는 것이다. 회계란 '셈한다' 또는 '계산한다'는 말로 나타낼 수 있다. 이때 셈의 대상, 즉 호텔회계의 대상은 회계주체의 경제적 활동이다. 경제적 활동은 통상 재무적 사건 또는 거래라고도 하며, 이는 회계주체(호텔기업)의 경제가치의 크기 및 그 구성내용의 상태에 변화를 야기하는 경제현상이다. 따라서 전통적인 회계의 의의는 '호텔기업의 경제적 활동을 화폐단위에 의하여 기록분류요약하여 그 결과를 일정한 형식(예: 손익계산서와 재무상태표 등 재무제표)으로 보고하는 기술'로 파악하고 있다.

회계에 대한 보다 현대적인 정의는1966년에 미국회계학회가 발표한 '기초적 회계 이론에 관한 보고서(A Statement of Basic Accounting Theory: ASOBAT)'에서 제시한 견 해이다. ASPBAT는 회계를 '정보이용자가 합리적 판단이나 경제적 의사결정을 하 는데 필요한 경제적 정보를 식별측정전달하는 과정'으로 정의하고 있다. 즉 회계 를 정보이용자(information users)들에게 기업의 재무적 상태와 변화 등에 대한 정보 를 제공하여 의사 결정의 유용성을 제고 시키는 정보시스템(information system)으 로 파악하는 것이다.

호텔회계의 의의도 일반적인 회계의 의의와 다를 바 없으며, 다만 회계주체를 호텔기업으로 한정한 회계영역일 뿐이며, 호텔기업의 경제활동에서 생기는 경제적 가치의 상태와 그 변화 등을 측정하고 계산하게 된다. 그러므로 호텔회계는 호텔 기업을 둘러싸고 있는 다수의 이해관계자에게 호텔의 재무정보제공을 통하여 의 사결정의 질을 높이고자 하는 정보의 유용성을 그 목적으로 한다.

다만 호텔기업은 객실부문, 식음료 부문, 기타 부대영업 부문에 있어서 그 발생 하는 거래가 영업장소와 경영시간에 따라 각각 상이하며 또 현금거래 및 신용거 래 등 그 거래의 발생에서부터 결제에까지 가장 신속화를 요구하는 업종이기 때 문에 회계처리에 특수성을 요구한다.

경제실체의 활동에 대한 회계정보를 측정하고 기록하여 전달하는 과정으로 서 정보이용자의 합리적인 의사결정에 유용하게 활용되는 정보를 제공하는 활 동이다.

특히 기업의 경영 활동에서 일어나는 계산과 자본의 증감 변화를 일정한 원리 원칙에 의하여 조직적으로 기록, 계산, 정리하여 그 결과를 명백히 하는 방법을 회 계라 한다.

회계는 기업의 언어라고 하며, 회계에 대한 지식없이는 기업활동을 수행하거나 기업활동과 관련된 의사소통을 할 수가 없다. 그러므로 의사결정자에게 경제적 의사결정에 유용한 정보를 제공하는 것이다.

5. 회계정보와 기능

1) 회계정보

회계는 재산의 변동을 장부에 기록하여 기업의 소유하는 재산상태의 회계정보를 산출하고 보고하는 시스템이다.

기업이 1년이나 6개월 동안 얼마나 많은 돈을 벌었는지 대한 손익에 관한 정보도 제공한다.

벌어들인 수익과 쓴 비용을 차감하여 순수하게 남은 순이익이 얼마인지를 알려주는 것이 손익에 관한 회계정보를 말한다.

기업의 재산상태와 손익에 관한 정보를 필요로 하는 기업이나 이해관계자들은 매우 많다.

회계정보를 필요로 하는 사람들은 고객, 은행, 거래처, 경영자, 정부와 유관기관, 정보중개인, 종업원, 투자자 등을 말한다.

▦ 회계 정보의 이용자 구분

① 내부정보 이용자: 사장, 종업원, 관리자 등
② 외부정보 이용자: 투자자, 세무당국, 금융기관 등

2) 회계의 기능

회사가 가지고 있는 자산과 자본의 증감변화를 계정이란 특수 형식에 의해서 기록 계산하는 방법을 말한다. 일반적으로 기업은 수입과 지출, 즉 재산의 변동사항을 장부를 통해서 기록한다. 장부에 기록하는 것을 부기 또는 경리라고도 하며 부기라는 말은 장부기록의 줄임말이다. 부기종류는 단식부기와 복식부기가 있으며, 단기부기는 가계, 관청 등 비영리 기록을 말하며, 복식부기는 기업의 영리를 목적으로 기록하는 장부를 말한다.

회계는 기업의 경영활동에 관한 경제적 정보를 식별·측정하여 회계정보이용자가 경제적 의사결정을 행하는데 도움이 될 수 있도록 전달하는 것을 그 임무로 한다.

① 측정기능: 기업의 재무상태와 경영성과에 관한 회계정보의 기초가 되는 자산, 자본, 부채, 수익, 비용 등을 공통의 화폐단위로 측정·파악하는 기능이다.

② 기술기능: 계정과목과 금액에 의해 인식하고 측정된 정보를 기록, 계산, 정리, 분류, 집계하는 기능이다.

③ 해석기능: 재무제표에 기술된 계수적 자료를 분석하고 경영활동을 그 계획과 실적을 비교·분석하여 판단하고 차기 이후의 경영방침을 결정하는 기능이다.

④ 전달기능: 회계정보를 기업의 내부와 외부에 있는 이해관계자들에게 전달하는 기능이다.

⑤ 통제기능: 회계자료의 정확성을 보증하고 회계상의 부정이나 오류, 불합리한 계산에 의해서 발생하는 리스크를 방지하여 자산의 보전을 이룩하고자 하는 기능이다.ㅈㅈㅈㄷ

미국 샌프란시스코

제3절 회계기준과 기능, 정보시스템

1. 회계기준

회계기준은 기업의 회계실무를 이끌고 나가는 지침이 됩니다. 일부 학설에 의하면 고구려 때부터 조선시대까지 교통의 요지로 상업이 번창하였던 개성의 상인들 사이에는 그 이전부터 4개송도치부법(송도부기, 개성부기)이라는 우리나라 고유의 부기법이 시행되고 있었다는 주장이 있다. 하지만 이것은 특정 산업분야의 필요에 의한 부분적으로 시행되었다는 한계를 내포하고 있다. 우리나라는 구한말에 서양의 새로운 문물이 수입되면서 회계의 근간이 되는 서양의 복식부기가 본격적으로 도입되었다. 일반에게 서양부기보급은 1958년 기업회계원칙과 재무제표규칙이 최초로 성문법화 되면서 회계가 비로소 일반화된 사회적 제도로 정착되었다. 그후 1970년대 후반부터 고도의 경제성장과 IMF 관리체제를 겪은 후, 능동적인 회계기준의 제정 및개정의 필요성이 제기되어 한국회계기준원으로 위임되었다.

우리나라의 회계기준은 한국채택국제회계기준(또는 국제재무보고기준 Korean-International Financial Reporting Standards: K-IFRS)과 일반기업회계기준(K-GAAP)으로 이원화되어 있다.

회계기준을 제정하는 기구는 회계기준위원회입니다. 회계기준위원회(KASB: korea accounting standard board)는 한국회계기준원(KAI: korea accounting institute)에 소속되어 있습니다. 그리고 한국채택 국제회계기준(K-IFRS)의 성공적 정착을 위해 국내 회계교육 시스템을 규정중심교육에서 원칙중심교육으로 개편이 되어야하며, 옛 한국회계기준(K-GAAP)이 구체적 규정과 실무지침을 일일이 열거하는 규정중심이라면, IFRS는 기업의 판단과 선택권을 중시하는 원칙중심이라면, IFRS를 도입한 만큼 국내 회계교육도 전면적인 개편이 필요하다. K-IFRS는 2011년 도입돼 국내 상장기업에 적용되고 있으며, IFRS 도입 후 회계교육 필요성은 높아졌지만 교육기관과 빈도, 커리큘럼 등은 크게 부족하다. 앞으로 당국이 회계기준원 등에서 교육 기관을 한 곳 지정하고 체계적인 프로그램, 전문교재, 전문 강사 개발 및 육성에 나서야 한다.

🔍 K-GAAP와 현행 K-IFRS 비교

K-GAAP	K-IFRS
규칙중심	원칙중심
구체적인 실무지침 제공	실무적용 지침부족
복잡한 경제에 유리	기업환경 변화 대응용이
해석의 자의성 줄임	해석의 자의성 증가
규정 및 지식전달 교육중요	원칙이해 및 판단력 배양교육 필요

자료: 한국회계기준원 2014년

2. 호텔회계정보시스템

회계정보시스템은 정보이용자가 투자를 하고자 할 때 각 투자안으로 인해 발생되어질 이익과 손실을 예측·비교함으로써 최대의 이익을 얻을 수 있는 투자안을 선택할 수 있도록 정보를 제공하는 정보시스템이다. 호텔회계시스템은 크게 객실 부문 하위 시스템, 식음료부문 하위 시스템 및 기타 부문 하위시스템으로 구성된다. 객실 부문 하위 시스템은 객실 부문의 수익과 비용 정보, 식음료부문 하위 시스템은 식음료부문의 수익과 비용 정보 그리고 기타 부문 하위 시스템은 기타 부문의 수익과 비용 정보로 구성된다.

3. 주식회사제도와 회계의 발달

회계는 그리스와 로마시대에 발견되어, 14세기경 복식부기제도라는 회계개념이 이때 회계학의 시발점으로 보고 있다.

최초로 완성된 복식부기제도는 1340년경 이탈리아 제노아의 중세상인들의 기록에서 찾아볼 수 있다. 그 당시에는 이탈리아 여러 도시를 중심으로 상업무역이 부흥하고, 회계 관련 기록방법도 발전하여 오늘날 회계의 중요 개념들을 발견할 수 있다.

그리고 회계기준 20세기초에 미국에서 처음 제정된 후 미국을 중심으로 회계학이 본격적으로 발전하는 토대를 마련하였다.

우리나라는 회계는 일부 학설에 의하면 고구려 때부터 조선시대까지 상업이 번창한 개성상인들 사이에는 그 이전부터 4개 송도치부법이라는 우리나라 고유의 부기법이 시행되고 있었다고 주장이 있으며, 송도부기법, 개성부기법 등이 고유의 회계라고 할 수 있다.

우리나라 회계 보급은 서양부기가 널리 일반에게는 1910년 이후 학교교육을 통해서 이루어 졌고, 그 후 1970년대 후반부터 고도 경제성장과 기업회계기준과 관련된 주관업무가 금융감독위원회에서 한국회계기준원으로 위임되었다.

오늘날 회계정보에 대한 대외적 신뢰성을 제고하고 국제회 추세에 능동적으로 대처하기 위해 국제회계기준을 한국채택국제회계기준(K-IFRS)으로 도입하여 2011년부터 모든 상장기업이 의무적으로 사용하게 하였으며 비상장기업은 2009년 12월 30일에 공표된 일반기업회계기준을 적용하도록 하고 있다.

일반적으로 인정된 회계원칙 K-IFRS, 일반기업회계기준, 특수 분야회계기준들의 번호체계는 다음과 같이 운영되고 있다.

① K-IFRS: 1001~1099(IAS), 1101~1999(IFRS)
② 일반기업회계기준: 3001~3999
③ 특수분야회계기준: 5001~5999

20세기초에 주식회사가 발달함에 따라 근대 회계이론에 영향을 미친 사실은 특기할 만하다. 주식회사의 출현과 발전은 투자가들에게는 무기한으로 자본을 투자할 수 있는 대상을 찾게 하였고, 또 기업에서도 공업의 기계와 공장제도 내지 대량생산의 전제가 되는 자본수요를 투자가로부터 조달할 수 있게 되어 기업을 계속적인 존재로 이해하는, 소위 계속기업의 개념이 싹트기 시작하였다. 이와 같이 기업의 계속성에 수반하여 회계기간의 단축 및 정기화, 납입자본의 유지, 자본적 지출과 수익적 지출의 구별, 기간적 회계보고서 작성 의무화, 손익계산의 정확성과 배당이익의 산출기준, 손익측정의 발생주의 및 실현주의, 자산평가의 보수주의 및 충당금 내지 적립금 등 일련의 회계이론과 기법의 발달 및 세무와 법률규제 등을 야기 시켰다.

회계주체이론은 자본주의 입장에서 이루어진다고 주장되는 자본주 이론으로부터 기업실체의 입장에서 회계가 이루어진다는 기업실체 이론으로 발전되었다. 이러한 이론적 기저에는 법인체로서의 주식회사의 발달에 크게 자극을 받았던 것이다.

주식회사 형태의 기업발달은 자본의 거대화와 부재소유주로서의 주주 수의 증대를 촉진하였다. 기업은 이들 부재주주를 비롯한 채권자, 종업원, 소비대중, 국가공공기관 기타 일반으로 형성되는 소위 이해자 집단에 대한 이해조정책임과 그 밖에 여러 가지 사회적 책임을 무시할 수 없게 되었다. 그러하여 기업은 일정기간의 재무상태와 경영성과를 재무제표라는 수단에 의해 정규적으로 공시할 필요성을 느끼게 되었고, 나아가서는 국가로서도 이를 법제화 하기에 이르렀다. 이와 같은 보고제도는 20 세기초 주식회사의 합병과 지주회사제도가 성행함에 따라 연결재무제표의 작성으로 보다 상세한 회계정보를 제공하기에 이르렀다.

4. 호텔산업의 이해

1) 호텔객실의 이해

고객이 호텔에 투숙하기 위해서는 프런트 데스크에서 체크인을 해야 한다. 보통 Registration이라는 보드로 표시를 한다. 프런트 클럭은 객실을 예약확인 및 판매하는 업무를 수행하며 예약 리스트를 근거로 당일 투숙 예정인 고객층을 분류하고 사전에 객실배정을한다. 대부분의 호텔은 투숙 목적에 따라 객실층을 구분하여 배정한다. 투숙 목적에 따라 다양한 고객이 공존하기 때문에 투숙 목적대로 분류하여 층을 정하는 것은 고객에게 최대한의 안락함을 제공할 수 있다.

체크인시 프런트 클럭은 반드시 선수금 현황을 상세하게 파악하여야 한다. 선수금을 지불하지 않은 고객은 선수금을 받아야 한다. 호텔 특성상 Skipper가 날 수도 있기 때문에 체크아웃일까지 산정하여 일정 금액을 받아야 한다. 당일 모든 체크인 절차가 끝나면 프런트 클럭은 객실 번호별로 판매 내역을 체크하여 마감하게 된다. 총 객실수에서 판매 객실수, 공실, 무료사용, 공사중인 객실 등 정확한 수치에 의해서 리포트를 작성한다.

(1) 일반적인 체크인 절차

① 숙박객 도착
② 예약확인
③ 숙박등록카드 기재
④ 객실배정
⑤ 객실 키 전달
⑥ 객실안내
⑦ 회계원장 작성

(2) 숙박등록

프런트 데스크 직원은 밝은 표정으로 고객을 맞아 인사로 고객을 환영하고 숙박등록 시에는 예약 유무를 확인한 후 고객의 대기 시간을 최소한으로 줄이도록 한다. 숙박 등록 카드에는 고객의 주소, 성명, 직업, 여권번호(혹은 주민등록번호), 체재기간, 객실 종류, 객실요금, 객실번호, 서명 등이 정확하게 기재되었는가를 확인한다. 이때 벨 맨은 고객의 뒤에서 고객의 짐과 함께 대기한다. 숙박 등록 카드의 작성이 끝나면 벨맨은 객실 키를 인계받고 객실로 고객을 안내한다. 이후 프런트 데스크에서는 Registration Card 정리, Rooming Slip/Room Rack Slip를 정리한다. Guest History Card 작성, 필요시 Allowance Sheet(환급금 반환용), VIP Arrival Report, Room Change Slip, Rate Change Slip 등을 작성, 정리한다.

(3) 객실관리

객실 판매에 차질이 없도록 정확한 객실 현황을 유지하며 예약상태를 확인하여 적정 예약율을 유지함으로써 No Show 또는 예약 취소에 따른 손실을 최소화한다.

▦ 정확한 객실 현황을 파악하여 유지한다.

① 체크인&아웃 객실 현황
② 객실정비 현황
③ 판매 불가능한 객실(out of order room)
④ no show 발생현황
⑤ turn away 발생현황
⑥ 객실요금 변경사항

▦ 예약 상태 점검

투숙 전 고객에게 예약 사항을 재확인한다. 예약변경 사항을 확인하고 관련 부서에 공지한다. 예약취소 현황을 확인하고 정정된 예약기록을 유지한다.

(4) 초과 예약(over booking)

No show 고객이 예약을 해놓고 취소없이 호텔에 나타나지 않는 것을, 예약취소 등의 사유로 인한 손해를 최소화하기 위해 적정 수준의 초과예약을 받으며, 예약 거절시 정중하고 친절한 태도로 양해를 구한다.

① 적정 초과 예약율 결정

No show 발생율, 예약 취소율 등의 자료를 참고하여 적정 초과예약율을 결정한다. 적정 초과예약율은 호텔의 실제 판매가능 객실보다 최소 10% 정도로 설정하는 것이 일반적이다.

② 초과예약 접수 및 예약 사항 확인

결정되어진 초과예약율에 따라 초과예약을 접수받는다. 결정되어진 초과예약분이 마감되어 예약거절을 할 경우 정중히 사과의 말을 전하고 투숙 관련 대안적 정보 제공과 함께 향후 재이용을 부탁하며 감사 인사를 전한다. 고객에게 기다리는 상황임을 알리고 수락하면 예약 관련 정보를 받는다. 고객에게 전체 예약상황을 재확인한다.

③ 처리결과 사전통보 및 사후처리

고객에게 처리결과를 사전 통보한다. 객실 제공이 가능할 경우 예약 관련 부가적 절차를 수행한다. 객실 제공은 가능하나 고객 요청 사항과 일치 하지 않을 경우 업그레이드, 추가 서비스 제공, 객실요금 할인 등의 협상을 통해 투숙 결정을 유도한다. 고객에게 객실 제공이 불가능할 경우 정중히 사과의 말을 전하고 대안을 제공하도록 노력한 후 감사 인사를 전한다.

2) 호텔정보시스템

상업용 컴퓨터의 발전은 산업 여기저기에 깊숙이 침투하여 많은 변화를 유도했다. 호스피탈리티 선진국의 경우, 2차 세계대전이 끝난 1950년대 후반에 벌써 대형

호텔들을 중심으로 전산화의 움직임이 일었으며, PC의 등장으로 소형화 추세를 보였던 1970년대에 이르러서는 본격적인 자동화 시스템을 갖추기 시작했다. 백오피스(Back Office) 업무에 국한되었던 컴퓨터 이용이 영업파트인 프론트 오피스(Front Office)로 확산되었던 것도 바로 이 때다. 1980년대에 이르러서는 이 두 파트인 관리와 영업 부분이 공유된 '완전 통합 자동화 시스템'을 갖출 수 있었다.

국내의 경우, 1988년 서울올림픽 성공적 개최와 1989년 해외여행 자유화 이후에야 호텔산업 분야가 본격적으로 성장했던 만큼, 초기 호텔 전산화 부분은 열악함을 면치 못했다. 국내에서는 1978년 호텔 롯데가, 1980년 호텔 신라가 프론트 오피스에 터미널(Terminal)을 설치한 것을 호텔 업계가 본격적인 컴퓨터 시스템을 활용한 사례로 보고 있다. 90년대 이후의 호텔 전산 시스템 분야의 발전은 IT(Information technology) 산업의 성장으로 대신 설명이 된다.

3) 호텔 전산 분야의 대표적 시스템

통상 호텔의 전산 시스템은 크게 영업 분야의 프론트 오피스 시스템과 관리분야의 백 오피스 시스템으로 분류되며, 기간시스템과 고객시스템으로 분류되기도 한다. 실질적으로 호텔에서 가장 대표적인 시스템으로 꼽히고 있는 것은 PMS(Property Management System)로 해외 체인호텔에서 주로 사용하고 있는 마이크로스피델리오(Micros Fidelio)社의 피델리오나 오페라 등의 제품이 이에 속한다. 그 외 피델리오나 오페라가 나오기 전에 해외체인에서 주로 사용하던 HIS(Hotel Information System)나 AR(Account Recievable) 등도 주요 시스템에 속한다. 최근 그 중요성이 높아지고 있는 CRM(Customer Relationship Management)이나 마케팅 차원의 관리 시스템인 YMS(Yield Management System), 전사적 자원관리 시스템인 ERP(Enterprise Resource Planning) 등도 호텔에서 대표적으로 사용되는 시스템이다.

해외 체인호텔의 경우, 전 세계 체인에서 데이터를 공유하고, 관리해야 하기 때문에 사용하는 시스템이 통일되어야 한다. 때문에 대부분의 외국계 체인호텔에서

피델리오와 오페라를 사용하고 있으며, 로컬 제품의 사용을 불허하고 있다. 하지만 제품 및 유지보수 비용이 높고, 시스템이 다소 무거워 외부 변화에 탄력적으로 반응할 수 없다는 단점도 있어, 외국계 체인호텔이 아닌 국내 로컬 호텔들은 거의 채택하지 않고 있다.

서울권 호텔 시장에 경우, 하얏트, 힐튼 등 외국계 체인호텔은 100% 마이크로스피델리오의 시스템을 구축하고 있으며, 국내 로컬 호텔은 약 70%대의 점유율을 가진 산하정보기술을 중심으로 5~6개의 중소업체들이 시장을 형성하고 있다. 또한 대기업 계열 호텔의 경우 그룹 계열사 전산파트와 협의하여 자체적으로 개발한 운영 시스템을 구축하기도 한다. 국내 로컬 호텔을 대표하는 롯데호텔이 속한다.

5. 회계등식

회계등식 설명하자면 자기가 현재 가진 돈이나 물건(자산) = 원래 가지고 있던 돈(자본) + 남에게 빌린 돈(부채)이라는 말이다. 이는 복식부기 전체를 관통하는 것으로 무언가를 얻기 위해서는 반드시 그에 해당하는 무언가가 사라진다라는 거래의 양면성에 따라 나오는 공식이다.

좀더 구체적인 예를 들어보자면 다음과 같다.

A씨는 개인 사업을 위해 트럭을 1000만원에 구입했다. 그중 300만원은 A씨가 원래 가지고 있던 돈으로 지불하고 나머지 700만원은 할부로 구입하기로 하고 트럭을 인도 받았다.

이 케이스를 회계등식에 적용하면, A씨는 1000만원에 해당하는 트럭이라는 자산을 획득하였고, 그 결과 300만원은 원래 가진 자본과 할부로 갚아야 할 700만원의 부채가 생겼다. 즉 자산(1,000만원) = 부채(700만원) + 자본(300만원)

이것을 이해하면 이제 방금 자산을 왼쪽에, 부채 자본을 오른쪽에 쓴것 같이, 비용을 왼쪽, 수익을 오른쪽에 대응해서 적는 본격적인 복식부기를 배우는것으로 회계를 시작할 수 있다.

회계학에서 복식부기를 함에 있어서 회계등식의 대차평형의 원리를 따른다. 이는 재무제표를 작성할 때 차변에 해당하는 계정과목과 대변에 해당하는 계정과목의 액수가 같아야 함을 의미한다.

달리 말하면 하나의 거래가 두 개의 계정과목으로 기록되는 것. 차변과 대변에 기록되는 과목은 이름은 다르지만 같은 거래를 나타내고 있으며 당연히 액수도 동일하다.

이 대차평형의 원리에 의해 재무제표는 자기검증 기능을 갖게 된다. 차변과 대변 중 어느 한군데서 실수가 발생하면 반대편에 해당하는 항목과 서로 다른 금액이 산출되므로 오류가 있는지 없는지 금방 알아낼 수 있기 때문이다.

하지만 오류가 있는지 없는지에 대해서만 알 수 있기 때문에 정확히 어느 부분에서 오류가 발생했는지를 알기 위해서는 일일히 들여다 볼 수 밖에 없다. 양쪽 항목에 모두 오류가 생겨 우연히 틀린 값이 들어맞는 경우도 제법 있다. 엄밀히 말하면 일반적인 주식회사는 우선 자본을 현금성 자산화 하여 소유하고 있으므로 이 경우도 거래 자체만 보면 자산 감소 + 자산 증가 = 부채 이지만 결국 원계정 따라가 보면 현금성 자산은 최초에는 자본에서 나오는 것이므로 간단하게 설명하였다.

학습토론

1. 호텔산업의 정의와 특성을 설명하시오.

2. 우리나라 호텔발전사를 설명하시오.

3. 사개 송도 치부 법을 설명하시오.

4. 회계의 역사를 설명하시오.

5. 한국채택국제회계기준을 설명하시오.

6. 호텔사업이란?

호텔회계원론

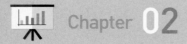

호텔기업의 경영 이해

제1절 회계의 종류와 분류

1. 회계의 분류와 이용자

1) 회계의 설립과 분류

돈을 계산하는 것이다. **예** 용돈 기입장, 가계부

회계 = 돈 계산 = 정보제공

기업의 영업활동과 이해관계자에게 그들이 필요로 하는 정보를 제공하는 것이다.

(1) 회계 정보의 활용과 의사결정분야

〈기업이 설립되면〉

① 투자자: 투자 목적에 적합한 정보 필요하다. 예 돈을 투자한 사람
② 금융기관: 기업에 자금 대여를 결정 할 때 필요한 정보 필요하다. 예 채권자
③ 기업 경영자: 경영 의사 결정에 필요한 정보 필요하다. 예 사장, 종업원
④ 세무당국: 적정한 과세 소득의 산정에 적합한 정보 필요하다. 예 세무서
　* 회계정보가 필요하다.

(2) 회계 정보의 이용자 구분

　회계정보의 이용자는 기업 내부에도 있어서, 내부정보이용자와 외부정보이용자로 구분내부 정보이용자는 다음 달에 차입금을 상환해야 하는데 그 때까지 상환에 필요한 자금을 마련할 수 있나? 종업원의 월급을 10% 올려주면 회사 전체 이익은 어떻게 변할까? 등의 의사결정을 하기 위해 회계를 이용한다.

　외부정보이용자는 투자자, 대여자, 감독기관, 고객, 노동조합 등 다양한 이해관계자를 포함한다. 주식을 살 것인지, 산다면 배당금을 얼마나 받을 수 있을지 등에 관심을 갖는다. 즉, 특정 기업이 미래에 현금을 창출할 수 있는 능력이 있는가에 대한 의사결정이다. 회계정보의 이용자를 나누는 것은, 전달되는 회계정보의 양과 질, 형식에 있어 차이가 있기 때문이다.

　내부정보이용자에게 전달되는 회계정보는 굳이 일정한 규칙이나 형식을 필요로 하지 않는다. 외부정보이용자에게 전달되는 회계정보는 제한이 있으므로, 일정한 규칙이나 지침에 따라 작성되어야 한다.

　① 내부정보 이용자: 사장, 종업원, 관리자 등
　② 외부정보 이용자: 투자자, 세무당국, 금융기관 등

2) 회계의 분류

(1) 회계기록, 계산하는 방법에 따른 분류

① 단식회계: 일정한 원리원칙이 없이 재산의 증가, 감소만 기록하고, 손익의 원인을 계산하지 않는 기장방법이 있다. 예 비영리: 가계, 학교, 정부, 종교 단체 등

② 복식회계: 일정한 원리원칙에 따라 재산의 증감은 물론 손익의 발생 원천을 원인별로 기록, 계산하는 완전한 약속의 학문 기장방법 있다. 예 영리: 각종 기업(영리가 목적)

(2) 이용자의 목적에 따른 분류

① 영리회계: 영리를 목적으로 기업에서 사용하는 회계로 재무회계, 원가회계, 금융회계, 건설업 회계 등이 있다.

② 비영리회계: 영리를 목적으로 하지 않는 가게나 학교, 관공서, 종교단체 등에서 사용하는 회계로 가계회계, 학교회계, 관청회계, 재단회계, 국방회계 등이 있다.

분류기준은 3가지가 있다.

① 영리성 유무: 기업(영리목적), 비영리(학교, 종교단체)

② 정보이용자: 관리회계, 재무회계, 세무회계(목적에 따라)

③ 기록, 계산에 따라: 단식회계, 복식회계

(3) 회계의 구분 및 이용자

① 관리회계: 기업 경영자, 내부관리자

② 재무회계: 일반 투자자(주주, 채권자), 은행, 금융기관, 정부기관, 일반대중, 사회단체

③ 세무회계: 정부 세무당국

▦ 회계기본 이해

① 회계: 기업의 거래~기록, 계산, 정리~재무제표 작성(내/외부 이용자에게 정보제공)

② 회계목적: 재무상태&경영성과~회계정보제공

③ 기업: 영리회계, 복식 부기

④ 거래의 이중성: 하나의 거래를 차변, 대변2번 기입한다.

2. 회계의 정보전달

1) 호텔회계의 개념

회사의 경영활동에는 주주, 경영자, 종업원, 채권자, 거래처, 일반대중 등 다양한 이해관계자들이 관련되어 있다. 이들은 자신들과 직·간접적으로 연관되어 있는 회사의 경영활동의 성과나 재산상태의 변화에 대하여 자신들의 목적에 맞는 정보를 원한다.

회사의 입장에서는 이러한 이해관계자들의 정보이용목적을 충족시켜 주어 신뢰를 얻어야만 안정적으로 성장할 수 있으므로 이들에게 회사의 경영활동과 재산상태에 관하여 믿을 수 있는 정보를 제공하는 것이 필요하다.

즉 회계란 "기업실체의 경제적 활동과 관련된 거래나 사건을 화폐액으로 측정·기록·분류·요약·정리하고 그것을 해석하는 기술이다."라고 하는 회계정보의 생산자 측면(기업회계 또는 부기)과 "기업실체의 경제적 활동에 관심을 갖는 여러 이해

관계자가 합리적 판단과 경제적 의사결정을 할 수 있도록 회사의 경제적 활동의 흐름과 결과를 추적, 기록하여 유용한 정보를 적시에 제공하는 것이다."라는 회계정보 이용자 측면을 동시에 의미한다.

이해 관계자	정보 이용목적
경 영 자 (내부) 종 업 원 채 권 자 주 주 거 래 처 국가 및 감독기관 일 반 대 중 등	당기 회사의 실적은 얼마이며 나의 성적은? 올해 임금은 얼마나 인상? 보너스의 수준은? 돈을 빌려 주어도 안전한 회사인가? 올해 배당금은 얼마이며, 계속 보유할까? 이 회사와 계속 거래를 하여도 안전할까? 세금은 얼마이며, 성실하게 운영되는가? 이 회사 장래에 이해관계자가 될까?

한편, 회계를 정보이용자의 유형에 따라 재무회계와 관리회계로 나누기도 한다.

🔊 재무회계와 관리회계 비교표

내 용	재무회계	관리회계
목 적	외부이용자에게 유용한 정보 제공	경영자의 관리적 의사결정에 제공
보고대상	외부 정보이용자(투자자 등)	내부 정보이용자(경영자 및 관리자)
기준(원칙)	일반적으로 인정된 회계원칙 준수	통일된 회계원칙이나 이론 없음
정보의 방향과 범위	과거 지향적이며 화폐적 정보를 중심으로 이루어진다.	미래 지향적이며, 비화폐적 정보도 포함한다.
회계정보의 질적 특성	신뢰성	목적 적합성

정보이용자에게 그들의 의사결정을 위한 경영활동의 결과를 기록하고 요약하여 전달하는 의사결정 정보시스템이라 할 수 있다.

주변 이해관계자 예로 내부관계자(경영자, 종업원 등)와 외부관계자(협력업체, 은행, 자금대여자 등)을 말한다.

호텔회계란 정보이용자가 의사결정을 내릴 때 유용한 정보를 제공하기 위하여 경제적 사건을 식별, 측정, 분류, 요약, 전달하는 과정으로서 회계주체를 호텔기업 으로 한 것이다.

2) 호텔회계 정보이용자

① 내부 정보이용자: 경영자(관리자)
② 외부 정보이용자: 투자자, 채권자, 주주, 정부, 과세당국, 종업원 등을 말한다.

3) 회계의 목적

① 보고목적: 호텔 재무제표 보고서 목적
② 관리목적: 호텔 내부경영 목적
③ 신고목적: 호텔 세금납부 목적

4) 회계와 부기

회계는 부기를 포함하는 것으로 부기는 회계의 기초분야로 단순히 거래를 기록, 계산, 정리하는 단순한 기술적 과정인 반면, 회계는 포괄적인 정보제공을 말한다.

(1) 단식부기

원칙 없이 금전출납, 채권, 채무관계기록, 가계부, 개인 기록장 등을 말한다.

(2) 복식부기

호텔자본의 증가와 감소를 원인과 결과의 금액으로 분류하여 수익과 비용의 발생요인과 사유를 상세하게 기록 이중기록, 검증을 말한다.

주식회사에서 소유와 경영의 분리라는 이념에 근거하여 기업이 회계원칙에 따라 재무제표라는 형태로 외부 사람들에게 객관적이고 공정한 기업의 모습을 공표하는 것을 목적으로 한다. 재무제표는 손익계산서와 대차대조표(재무상태표)를 두 개의 축으로 해서 구성되어 있다.

5) 관리회계

기업내부의 경영관리수단으로 사용되고 경영자의 의사결정이나 업적관리에 활용된다. 경영자가 전략을 수립하고 의사결정을 할 때 각 상품의 수익구조 등 내부정보가 필요하다. 그러므로 기업의 내부이해관계자인 경영자에게 유용한 정보 제공한다.

6) 세무회계

기업회계상 산정된 이익을 기초로 하여 조세부담능력의 기준이 되는 과세소득과 세액의 산정에 관한 재무적 정보를 전달하는 기능을 가진 회계이다.

3. 회계의 목적

회계는 기업 자체의 활동 상황을 파악함은 물론 투자자, 채권자, 종업원 등의 이해 관계자를 위하여서도 회계가 필요하다.

① 주목적: 일정 시점에 있어서 재무 상태를 파악(재무상태표)

　　　　일정 기간의 경영 성과 파악(손익계산서)

② 부목적: 투자자, 채권자, 종업원 등에게 기업회계정보제공

　　　　과세의 자료 제공

　　　　미래의 경영 수립에 필요한 자료 제공

4. 회계영리와 비영리

회계는 기록하는 방법이나 영리성의 추구, 이용 방법에 따라 분류한다.

① 기록하는 방법에 따라서(단식회계, 복식회계)

② 기업회계

　• 이용하는 방법에 따라서(상업, 공업, 은행, 농업, 광업, 운송, 보험 등 회계) (호텔영리회계)

　• 기업의 조직형태에 따라서(개인, 회사, 조합 등 회계)

③ 비영리 회계: 관청회계, 학교회계, 가계회계, 종교회계 등

1) 부기의 역사

세계에서 최초로 복식부기의 원리를 설명한 자료는 1494에 이탈리아 베니스의 승려인 루카 파치올리(Lucas Pacioli)가 저술한 「Summa」(산술, 기하, 비례, 비율총람)로 알려져 있으며, 현대회계의 시초라 할 수 있으며 우리나라에는 20세기 초에 도입되어 사용되고 있다.

우리나라 회계의 원천은 이보다 약 200년 앞선 1200년대에 고려시대의 「사개송도치부법(개성부기)」으로 알려졌으나 현재는 존재하지 않으며 1899년 황성신문에

서 처음 부기라는 용어를 사용하였다.

2) 부기의 개념

부기(Book Keeping)란 장부기입(帳簿記入)이라는 어원에서 만들어진 용어로 기업의 거래를 장부에 일정한 원리에 의하여 기입하고 정리하는 것이다.

3) 거래의 의의

회계상 거래란 기업의 자산, 부채, 자본의 증감변화를 일으키는 모든 경제적 사항을 말한다. 또한 비용과 수익의 발생도 결국은 자산과 부채를 증감, 변동시키기 때문에 거래가 된다.

그러나 회계상 거래는 일상생활에서 통용되는 거래의 의미와 대부분 일치하지만 반드시 일치하지는 않는다. 즉 화재로 인한 건물의 소실은 일상적으로는 거래라고 하지 않지만 회계상에서는 자산의 감소와 비용이 발생하였으므로 거래로 인정된다.

부기상의 거래인 것	부기상 거래가 아닌 것
· 현금을 분실하다	· 상품을 주문하다
· 상품 및 자산을 도난당하다	· 종업원을 채용하다
· 건물,기계 등의 가치가 감소하다	· 상품 및 물건 등의 매매계약 체결
· 화재로 건물이 소실되다	· 점포의 임대차 계약을 체결하다
· 거래처의 파산으로 매출채권이 대손됨	· 은행에서 현금을 차입하기로 약속하다
· 점주가 회사의 상품을 사용하다	· 수탁인에게 상품매입을 위탁하다
· 토지, 건물 등을 기증받다	· 상품을 창고회사에 맡기다
· 현금을 출자하여 영업을 개시하다	· 은행과 당좌차월계약을 체결하다

☞ 상품의 매매, 건물의 구입, 현금의 대여, 어음의 발행 등은 부기상 거래이자 일상생활의 거래이다.

5. 회계 단위와 회계 연도

1) 회계의 순환과정

기업은 영업을 개시하여 기업의 목적이 달성되거나 법적으로 해산이나 청산절차를 밟기 전까지는 영업에 관련된 활동을 계속하기 때문에 기업의 이해관계자 등은 기업과 관련된 경제적 의사결정을 하기 위하여 유용한 정보를 적시에 알 수가 없다.

따라서 기업에서는 인위적으로 기간을 구분하여 회계기간(1년 이내)이라고 하여 처음 거래가 발생하는 시점을 기초(기수)라고 하며 장부를 기장하기 시작하고 거의 반복적으로 발생하는 거래를 기록, 계산하여 기말이라는 시점에서 재무제표를 작성하여 정보이용자에게 전달하게 되는데 이러한 과정을 회계의 순환과정 또는 회계의 일생이라고 한다.

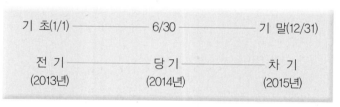

🔊 회계의 순환과정

2) 회계기간 중의 회계처리

3) 회계기말의 결산작업

시산표 → 정산표 → 계정의 마감 → 재무제표 작성

(1) 회계단위

회계의 단위란 장소적 범위를 말한다.

장소적 단위란 호텔 본점과 지점으로 회계단위로 설명할 수 있다.

예 본점 서울, 지점 부산, 대구, 울산 등

　　회계의 기록, 계산하는 범위

```
        (기초) 1/1 ─────── (당기) ─────── (기말) 12/31
                /              6/30                /
         전기   /     상반기    /   하반기    /   차기
         (기말) /            (회계기간)        /  (기초)
         (2014) /             (2015)          /  (2016)
```

* 회계 기간을 1년으로 정한 경우입니다.

(2) 회계 연도

회계기간은 시간의 흐름을 1년, 상반기, 하반기 등으로 적당히 기간을 구분한다.

회계에서는 1년에 1회 이상 결산을 하도록 규정하고 있으며, 회계 기간을 6개월로 정한 경우에는 상반기, 하반기로 구분하여 분리한다.

호텔기업이 경영 성적을 계산하기 위하여 6개월, 1년 등으로 적당히 기간을 구분한다. 이것을 한마디로 회계연도, 회계기간, 사업 연도라고 한다.

🧮 회계의 기초 개념

① 회계단위: 장소적 범위

② 회계기간: 시간적 범위

1. 제무제표와 손익계산서

1) 재무제표의 정의

호텔기업의 경제적 상황 즉 재무상태, 경영성과를 나타내는 표로서 기업의 경제적 활동이 최종 요약된 보고서이다.

재무제표는 재무상태표, 포괄손익계산서, 자본변동표, 현금흐름표, 주석 이 5가지로 구성됩니다. 재무상태표는 예전에 대차 대조표라고 불려왔는데, 국제기준법을 따르면서 재무상태표라는 이름을 쓰게 되었다. 이는 유용한 정보인 재무제표를 통해 의사결정을 할 수 있기 때문이다.

2) 재무제표의 종류

재무상태표의 종류는 총 다섯가지로 재무상태표, 손익계산서, 현금흐름표, 자본변동표, 재무제표의 주석 등이 있다. 가장 중요한 재무제표 종류 두가지는 바로 재무상태표와 손익계산서이다.

(1) 재무상태표

특정시점의 재무상태를 알려주는 표를 말한다.

일정 시점에 재무상태를 표시하기 위하여 작성하는 것으로 기말의 자산, 부채 및 자본을 한 표에 나타낸 것으로 재무상태표등식에 의하여 작성된다. 재무상태표 차변에는 자산을, 대변에는 부채와 자본을 표시하게 된다. 이때 차변에 잔액이 생기면 당기순이익이 발생하며 반대로 대변에 잔액이 생기면 차변에 당기순손실이 발생한다.

💬 재무상태표

자 산	금 액	부채 및 자본	금 액
현금 및 현금성	710,000	매입채무	680,000
자산	40,000	자본금	1,000,000
상품	1,000,000	당기순이익	170,000
매출채권	100,000		
건물	1,850,000		1,850,000

(2) 포괄손익계산서

일정기간 경영성과를 알려주는 표를 말한다.

일정 기간의 경영성과를 알기 위하여 작성하는 것으로 한 회계기간 중의 비용, 수익을 한 표에 나타낸 것이다. 비용을 차변에, 수익을 대변에 기입하여 대변잔액이 생기면 차변에 당기 순이익이, 차변잔액이 생기면 대변에 당기순손실이 발생된다.

💬 포괄손익계산서

비용	금액	수익	굼액
급여	32,000	상품매출이익	303,000
당기순이익	273,000	이자수익	2,000
	305,000		205,000

3) 재무상태표의 구성요소

(1) 자산

호텔 경제적 가치가 있는 모든 자원으로서 기업의 투하자본의 운영형태로서 나타나는 것으로 여러 가지의 경제적 자원을 말한다.

① 유동자산(1년 이내)

- 당좌자산: 현재 지급수단으로서 쓸 수 있거나 가까운 장래에 현금화되어 지급수단이 될 수 있는 화폐성 자산을 말한다(외상매출금, 받을어음, 현금, 예금, 유가증권, 단기대여금, 미수금, 미수수익, 선급금).
- 재고자산: 호텔영업활동과정에서 소비되거나 판매과정을 거쳐 현금화 되는 자산(상품, 제품, 재공품, 원재료, 반제품, 저장품) 등을 말한다.

② 고정자산

- 호텔영업활동을 위한 장기간 소유하고있는 자산(1년 이상)을 말한다.
- 유형고정자산: 토지, 건물, 구축물, 기계장치, 선박, 차량운반구, 건설중인 자산 등을 말한다.
- 투자자산: 장기금융상품, 장기성 매출채권, 투자부동산, 보증금 등을 말한다.
- 무형자산: 영업권, 광업권, 어업권, 이연자산(창업비, 개발비) 등을 말한다.

(2) 부채

타인에게 반환해야 할 채무(빚)을 말한다.

① 유동부채

매입채무, 단기차입금, 미지급금, 선수금, 예수금, 미지급비용, 미지급법인세, 미지급배당금 등을 말한다.

② 고정부채

사채, 장기성차입금, 장기성매입채무 등을 말한다.

(3) 자본

자산에대한 소유주, 주주 청구권을 의미하며 기업의 순자산, 즉 소유주 지분을 의미 한다.

(4) 재무상태의 원리

자산 = 부채 + 자본

✎ 재무상태표 예시

(차)	재무상태	(대)
자산 ₩100	부채 ₩30	
	자본 ₩70	

* 일정한 시점

(자본등식)

자본 = 자산 - 부채

자산 = 부채 + 자본

* 이원리을 대차평균의 원리라 한다.

2. 손익계산서의 구성요소

1) 수익

호텔기업이 영어활동을 통해 재화나 용역을 제공한 대가로 받아들이는 경영가치의 총계

영업수익(매출액), 영업외 수익(이자수익, 유가증권처분이익, 배당금수익, 환차익, 투자자산 처분이익), 특별이익(보험차익, 채무면제이익) 등을 말한다.

2) 비용

호텔매출원가, 판매비와 관리비, 영업외비용, 특별손실(재해손실, 전기오류 수정손실), 법인세 비용 등을 말한다.

3) 손익계산서의 원리

총수익 - 총비용 = 순이익(손실)

4) 손익계산서 예시

| (차) | 손익계산서 | (대) |

비용	수익
이익	손실

* 일정한 기간의 성과

✎ 손익계산등식

수익 - 비용 = 순이익

비용 - 수익 = 순손실

비용 + 순이익 = 수익

수익 + 순손실 = 비용

5) 순손익의 계산

기업의 경영성과를 나타내는 순 손익을 계산하는 방법에는 자본을 비교하여 계산하는 재산법과 비용과 수익을 계산하는 손익법이 있다.

(1) 재산법

기말자본 − 기초자본 = 순이익 (기말자본 > 기초자본인 경우)
기초자본 − 기말자본 = 순손실 (기말자본 < 기초자본인 경우)

(2) 손익법

수익총액 − 비용총액 = 순이익 (수익총액 > 비용총액인 경우)
비용총액 − 수익총액 = 순손실 (수익총액 < 비용총액인 경우)

🌐 연습문제

(1) 다음 자료에 의하여 빈칸에 알맞은 금액을 구하시오.

기말자산	기말부채	기말자본	기초자본	총비용	총수익	순이익
₩61,000	₩23,000	( )	₩29,000	( )	₩77,000	( )

(2) 2003년 1월 1일 ₩1,500,000을 출자하여 개업한 서울상사의 12월 31일 재무 상태가 다음과 같을 때 당기의 순손익을 계산하면 얼마인가? (₩   )

현　　금	₩250,000	외상매입금	₩300,000
상　　품	₩500,000	선 수 금	₩150,000
외상매출금	₩500,000	건　　물	₩800,000
선 급 금	₩200,000	단기차입금	₩100,000

(3) 다음 자료에 의해 ① 기말자본, ② 총수익, ③ 순손익을 계산하시오.

o 기초자본 ₩100,000　　　o 기말자산 ₩250,000
o 기말부채　120,000　　　o 총 비 용　50,000

(4) 다음 표의 ( ) 안에 알맞은 금액을 기입하시오. 단 "△"는 순손실임.

기말자산	기말부채	자본		총수익	총비용	순손익
		기초	기말			
( )	500,000	650,000	( )	( )	1,200,000	200,000
2,300,000	( )	( )	950,000	750,000	( )	△50,000
700,000	250,000	( )	( )	330,000	300,000	( )

6) 재무제표와 포괄손익계산서

기업의 재무 상태를 표시한 재무제표와 영업 기간 중에 발생한 경영 성적을 표시한 포괄손익계산서는 내용으로나 숫자적으로 서로 밀접한 관련이 있다.

재무제표에 기입되는 포괄손익계산서에 의하여 산출된 것이다. 그러므로 포괄손익계산서에 표시된 당기 순손실과 재무제표에 표시된 당기 순손익의 금액은 일치한다.

(1) 순이익이 발생하였을 경우

◎ 포괄손익계산서

총비용 4,500	총수익
당기순이익 3,000	7,500

총비용 + 순이익 = 총수익

◎ 재무제표

기말자산 75,000	기말부채 20,000
	기초자본 50,000
	당기순이익 5,000

기말자산 = 기말부채 + 기초자본 + 순이익

(2) 순손실이 발생하였을 경우

🔊 포괄손익계산서

총비용	총수익 9,000
11,000	당기순손실 2,000

총비용 = 총수익 + 순손실

🔊 재무제표

기말자산 58,000	기말부채 10,000
당기순손실 2,000	기초자본 50,000

기말자산 + 순손실 = 기말부채 + 기초자본

3. 호텔 재무제표

1) 손익계산서o

일정기간 동안의 기업의 경영성과를 보여주는 재무제표이다.

일정기간 동안(보통 1년) 호텔 기업이 벌어들인 매출과 지출한 비용, 그리고 호텔 기업이 벌어들인 순이익이 얼마인지 알 수 있다. 한계는 현 시점에서 기업의 재무상태 즉 현금을 얼마나 가지고 있는지, 부채는 얼마인지, 자본은 얼마를 가지고 있는지 알 수가 없다. 이를 손익계산서가 보완한다.

2) 현금흐름표

일정기간 동안 기업의 현금유입과 현금유출에 대한 정보를 나타내는 재무제표이다.

호텔기업의 현금의 변동내역을 영업활동, 투자활동, 재무활동으로 나누어 현금 변동내역을 일목요연하게 보여주는 재무제표이다. 대차대조표에서는 현금을 현금 및 현금성 자산이란 계정으로 현 시점에서 가지고 있는 현금만을 표시한다. 일 년동안 현금이 어떻게 들어오고 현금이 어떻게 유출되었는지 알 수가 없다. 이러한 재무제표의 한계를 현금흐름표가 보완한다.

3) 이익잉여금 처분 계산서

기업이 벌어들인 이익 중 사외로 유출되거나 불입자본에 대체되지 않고 사내에 유보된 이익을 말합니다. 이익의 발생분 중 배당금을 차감한 후 기업이 내부에 유보시키는 금액이다.

이익잉여금 처분 계산서는 전기로부터 이월된 이익잉여금과 당기에 발행한 이익잉여금이 어떻게 처분되었는지를 나타내고 다음 회기 기간으로 이월될 이익잉여금의 금액을 확인하기 위해 작성한다.

돈의 힘

학습토론

1. 호텔회계에서 회계와 부기를 설명하시오.

2. 호텔회계 유동자산/ 비유동자산을 설명하시오.

3. 호텔회계 재무상태표와 손익계산서를 설명하시오.

4. 호텔 재무, 관리, 세무회계를 설명하시오.

5. 재무등식과 손익등식을 설명하시오.

6. 이익잉여금 이란?

호텔 회계의 기업이해관계자

1. 회계의 목적

1) 회계

호텔기업이 가지고 있는 재산의 증감 변화를 기록 유지하는 방법이다.

즉 호텔 이해관계자에게 정보를 제공하는 것이다. 그리고 호텔기업과 이해관계자 사이 언어(정보)소통이다.

✎ 기업회계 정보제공

　　누가? 기업이 "영리목적단체"

　　누구에게? 이해관계자들에게

어떤 정보? 의사결정 할 수 있는 "정보" 제공

예 기상예보 (필요한 사람에게 등산, 낚시, 운동)

2) 기업의 이해관계자

✎ 내부이해: 경영자, 관리자, 종업원

✎ 외부이해: 채권자, 투자자, 세무서, 사회단체, 협력업체 등

회계는 이해관계자에게 정보를 제공하는 것이다.

3) 회계의 분류

✎ 영리회계: 기업회계(사회 모든 기업 영리추구)

✎ 비영리회계: 학교, 종교단체, 정부기관 등

4) 회계의 시스템 분류

(1) 관리회계(내부회계)

관리회계는 내부의 이해관계자인 경영자에게 보고할 목적으로 이루어지는 회계를 말한다. 이는 원가회계에서부터 발달되어 왔으며, 현재에는 원가회계를 포함하는 개념으로 사용되어지고 있다. 여기서 원가회계란 기업의 상품, 제품 등의 제조와 관련하여 들어간 비용을 산정하기 위한 회계를 말한다.

더 베네시안 마카오

(2) 재무회계(외부회계)

재무회계는 기업의 외부에 있는 이해관계자인 불특정다수인에게 기업의 재무적 정보를 제공할 목적으로 이루어지는 회계를 말한다. 따라서 이는 기업의 정보제공자와 외부의 이해관계자인 불특정다수인간에 의사소통이 되게 하는 일정한 지침이 있어야 하는데, 그 지침이 되는 것이 바로 앞서 설명한 기업회계기준인 것이다. 따라서 재무회계는 기업회계기준서에 따라 모든 회계처리가 이루어진다.

그리고 재무회계의 주요한 보고수단으로는 대차대조표, 손익계산서, 이익잉여금(결손금)처분(처리)계산서, 현금흐름표, 자본변동표, 부속명세서 등의 재무제표가 있다.

(3) 세무회계(과세당국)

세무회계는 일반적으로 기업회계기준에 따라 처리한 회계를 세법의 규정에 맞게 바꾸는 데 사용하는 회계로서 이는 기업이 일반적으로 인정되는 기업회계기준에 따라 회계처리를 하였어도 세법에서 인정하는 것과 인정하지 않는 것이 있기 때문이다. 따라서 이는 주로 세무당국에서 사용하는 회계이다.

　🧮 회계 정보이용자에 따른 분류

　① 재무회계: 외부보고목적
　② 관리회계: 내부보고목적
　③ 세무회계: 세금납부를 위한 과세소득계산목적

2. 회계기록방법

　✍ 단식회계: 가계부, 개인 기록장(본인이 알 수 있게)

- 복식회계: 양쪽으로 기록(일정원리 원칙에 맞게, 차변, 대변)
- 복식회계란 기업이 가지고 있는 자산과 자본의 증감변화를 계정이란 특수 형식에 의해서 기록 계산하는 방법을 말한다.
- 복식회계목적
  - 일정기간동안의 경영성적 파악
  - 일정시점에서의 재정상태 파악
  - 이해관계자의 합리적 판단에 기여 및 정보제공 한다.

3. 호텔회계의 기능

회계는 미리(만든) 약속의 학문이다.

회계기준 2가지가 있는데, 일반회계 기준과 국제회계기준(K-IFRS)으로 나눈다.

① 일반회계: 그 외 다른 기업들은 일반 회계기준 처리하고 있다.

② 국제회계: 2011년부터 모든 상장 기업은 의무적으로 채택하고 있다(K-IFRS).

* 일반회계와 국제회계 기준은 용어와 회계처리방법 등에서 조금 차이가 난다.
  - 거래의 인식: 거래발생-처리(기록, 계산, 정리) - 보고(재무상태, 경영성과)
  - 거래의 종류: 상품매입매출, 금전차입대여, 현금수익지출, 외상회수지급, 비용수익발생, 화재, 도난, 분실, 파손, 대손, 감자 등 증감변화가 있다.

- 회계기능 크게 3가지

거래의 인식 및 측정 기능 = 처리(기록, 계산, 정리) 기능 = 보고서(재부상태 및 경영성과) 기능
  (경영활동, 회계 자료)   (이해 관계자, 회계정보)

호텔기업이 경제적으로 변환된 사실을 기록 계산하기 위해 장소적 범위를 구분할 필요가 있는데, 이 장소적 구분을 회계단위라고 한다. 예 서울 본점과 지방 지

점, 본사와 공장, 또는 현장 등을 말한다.

호텔기업의 재무상태와 경영성적을 명백히 계산하기 위하여 인위적으로 1년 이내의 기간적 범위를 정하는데, 이러한 기간을 회계연도 또는 회계기간이라 한다.

4. 복식회계의 특징

① 가치계산: 화폐가치로 표시할 수 있어야 한다.
② 기간계산: 일정기간을 설정 기간 내의 영업내용으로 손익계산
③ 계정계산: 일정한 형식에 의한 계산
④ 과거계산: 이미 발생한 사실만을 가지고 기록 계산

제2절 회계단위와 기간이해

1. 회계단위와 기간

1) 회계단위: 장소적 범위

각각 장부회계단위는 여러 곳(서울, 부산, 대구, 경주 등)
오늘날 본사 전산으로 하나의 단위로 나타낸다.

2) 회계기간: 시간적 범위

회계 연도라고도 한다. 예 학기초, 학기말

전기, 당기, 차기(기초, 기말), 회계기간

── 전기 ──── 당기 ──── 차기

기초 1/1 ──── 기중 ──── 기말 12/31

회계기간(6, 12개월)

3) 회계상거래와 일상생활상거래 차이

· 기록, 계산, 정리 대상이 되는 것 = 거래
· 거래발생은 회계의 시초이다.
· 거래가 발생하면 증감변화(+, -) 있다.
· 회계상거래: 상품매입매출, 현금수익지출, 비용수익발생, 화재, 도난, 분실, 파손, 대손, 감가 = 증감변화가 있다.
· 일상생활거래: 주문, 계약, 담보제공 등 = 증감변화가 없다.

2. 회계 5가지 개념

계정의 분류와 계정과목이 있다. 여기에서 계정, 계정과목, 계정계좌를 알고 가야 한다.
· 계정(a/c): 자,부,자 / 수,비 = 5그룹을 말한다(이름).
· 계정과목: 자,부,자 /수,비 각 계정과목을 알아야 한다(맴버).
· 계정계좌: 자,부,자 /수,비 각 계정과목은 계정계좌 자리를 찾아야 한다(자리찾기).

🔎 계정의 기입방법

자산 계정

증가 (+)	감소 (−)
자산의 증가	자산의 감소

🔍 자산이 태어난곳

부채 계정

감소 (−)	증가 (+)
부채의 감소	부채의 증가

🔍 부채가 태어난곳

자본계정

감소 (−)	증가 (+)
자본의 감소	자본의 증가

🔍 자본이 태어난곳

수익계정

소멸 (−)	발생 (+)
수익의 소멸	수익의 발생

🔍 수익의 발생한곳

비용계정

발생 (+)	소멸 (−)
비용의 발생	비용의 소멸

🔍 비용의 발생한 곳(주의 소멸은 결산시 사용된다.)

· 자산: 총자산, 적극적 재산 등으로도 말한다. 기업이 경영활동을 위하여 소유
  있는 각종 재화와 채권을 말한다.

· 자산: 1년을 기준으로 분류한다.

· 유동자산: 당좌자산, 재고자산 등을 말한다.

· 비유동자산: 투자자산, 유형자산, 무형자산, 기타비유동 등으로 구분한다.

  - 재화: 금전적 가치가 있는 모든 물건을 말한다.

  - 채권: 받을 권리를 말한다.

- 기업이 소유하고 있는 각종의 재화와 채권을 통틀어 말한다(예 현금, 상품, 비품, 건물, 예금, 외상매출금, 대여금 등).
- 부채: 빚 즉, 타인 재산, 소극적 재산을 말한다. 기업이 장래에 지급해야 할 의무를 말한다. 1년을 기준으로 분류한다.
- 유동부채와 비유동부채로 구분한다.
  기업이 앞으로 현금 또는 상품 등의 자산으로 갚아야할 채무를 부채라고 말한다(예 외상매입금, 차입금, 지급어음, 미지급금, 선수금 등을 말한다).
- 자본: 기업의 자본 즉, 순자산을 말한다. 기업의 자산총액에서 부채총액을 차감한 잔액을 자본(순자산)이라 한다.
- 자산 총액에서 부채총액을 공제한 것.순
- 수익: 영업활동의 결과 자본의 증가를 가져오는 것을 수익이라 한다(예 상품매출이익, 수입이자, 수입수수료 등).
- 비용: 영업활동의 결과 자본의 감소를 가져오는 것을 비용이라 한다(예 급료, 광고료, 소모품비, 보험료, 전기료, 지급이자 등).

🧮 회계의 구성요소(5그룹)

① 자산, 부채, 자본(재무상태 요소)
② 수익, 비용(손익계산 요소)

3. 회계등식

1) 재무상태표

일정시점에 있어서의 기업의 재무 상태를 표시하는 일람표를 말한다.

<table>
<tr><td>자본등식(일정한 시점)
자산 = 부채 + 자본
자본 = 자산 - 부채</td><td>B/S
----------/----------
자산 / 부채, 자본</td></tr>
</table>

(차)	재무상태표	(대)
자 산 ₩3,000,000	부 채 ₩1,000,000	
	자 본 ₩2,000,000	

2) 포괄손익계산서

일정기간에 있어서의 기업의 경영성적을 표시하는 일람표를 말한다.

<table>
<tr><td>손익계산서 등식 (일정한 기간의 성과)
비용 + 순이익 = 수익
수익 + 순손실 = 비용
수익 - 비용 = 순이익
비용 - 수익 = 순손실</td><td>P/L
----------/----------
비용 / 수익
이익 / 손실</td></tr>
</table>

(차)	포괄손익계산서	(대)
비 용 ₩1,500,000	수 익 ₩1,800,000	
당기순이익 ₩ 300,000		

(차)	포괄손익계산서	(대)
비 용 ₩1,800,000	수 익 ₩1,500,000	
	당기순손실 ₩ 300,000	

4. 재무상태표

일정시점에 있어서의 기업의 재무상태를 표시하는 일람표를 재무상표라 한다.

```
                        재무상태표 (B/S)
              ------------/------------
              자산 3,000,000  / 부채 1,000,000
                            / 자본 2,000,000
```

5. 손익계산서

일정기간에 있어서의 기업의 경영성적을 표시하는 알람표이다.

```
        손익계산서                        손익계산서
      -------/-------                   -------/-------
  비용 1,500,000 / 수익 1,800,000      비용 1,800,000 / 수익 1,500,000
  당기 순이익 /                                      / 당기 순손실
     300,000 /                                      / 300,000
  등식: 총비용 + 당기순이익 = 총수익       총비용 = 총수익 + 당기순손실
       (1,500,000+300,000=1,800,000) , (1,800,000=1,500,000+300,000)
```

▦ 회계 등식

① 재무상태표 등식
② 자본등식
③ 손익계산서 등식

1. 거래의의와 종류

1) 거래의 의의

회계상 거래란 기업의 자산, 부채, 자본의 증감변화를 일으키는 모든 경제적 사항을 말한다. 또한 비용과 수익의 발생도 결국은 자산과 부채를 증감, 변동시키기 때문에 거래가 된다.

그러나 회계상 거래는 일상생활에서 통용되는 거래의 의미와 대부분 일치하지만 반드시 일치하지는 않는다. 즉 화재로 인한 건물의 소실은 일상적으로는 거래라고 하지 않지만 회계상에서는 자산의 감소와 비용이 발생하였으므로 거래로 인정된다.

부기상의 거래인 것	부기상 거래가 아닌 것
· 현금을 분실하다	· 상품을 주문하다
· 상품 및 자산을 도난당하다	· 종업원을 채용하다
· 건물,기계 등의 가치가 감소하다	· 상품 및 물건 등의 매매계약 체결
· 화재로 건물이 소실되다	· 점포의 임대차 계약을 체결하다
· 거래처의 파산으로 매출채권이 대손됨	· 은행에서 현금을 차입하기로 약속하다
· 점주가 회사의 상품을 사용하다	· 수탁인에게 상품매입을 위탁하다
· 토지, 건물 등을 기증받다	· 상품을 창고회사에 맡기다
· 현금을 출자하여 영업을 개시하다	· 은행과 당좌차월계약을 체결하다

회계에서의 거래와 일상 생활에서의 거래

회계에서의 거래		
화재, 도난, 분실, 파손, 대손, 감가 등	상품의 매입 및 매출 현금의 수입 및 지출 금전의차입 및 대여 외상대금의 회수 및 지급 비용과 수익의 발생 등	주문, 계약, 담보제공 등
	일상 생활에서의 거래	

상품의 매매, 건물의 구입, 현금의 대여, 어음의 발행 등은 부기상 거래이자 일상 생활의 거래이다.

(1) 거래의 의의

회계에서는 자산, 부채, 자본에 증감변화를 일으키는 사항을 모두 거래라 한다.

(2) 회계상 거래

상품, 비품, 건물의 매매, 채권. 채무의 발생
화재, 도난, 분실에 의한 가치소모 등을 말한다.

(3) 일상생활 거래

상품의 매매계약, 토지, 건물의 임대차 계약 등 자산 증감변화를 일으키지는 않는다.

2) 부기의 종류, 이중성, 대차평균

기록하는 방법에 따라 일정한 원리와 원칙 없이 현금의 유입과 유출만 장부에 기록하는 단식부기와 일정한 원리와 원칙에 의하여 재산이 변화한 원인과 그로인한 결과를 동시에 기록하는 과학적이고 체계적인 방법인 복식부기가 있다. 또한 기업 또는 단체의 목적에 따라 영리부기와 비영리부기로 분류된다.

(1) 거래의 이중성

거래의 이중성이란 모든 거래가 발생하면 반드시 차변요소와 대변요소가 두 가지 이상 동시에 같은 금액이 발생하는 것을 말한다.

(2) 대차평균(평형)의 원리

루카 파치올리의 위대한 가정으로서 부기가 성립되기 위한 기본원리이다. 거래가 이루어지면 반드시 어떤 계정의 차변과 또 다른 계정의 대변에 똑같은 금액이 기입되므로 아무리 많은 거래가 기입되더라도 계정 전체를 본다면 차변금액과 대변금액의 합계는 반드시 일치하게 되는데 이 일치관계를 대차평균의 원리라고 한다.

🔎 **거래의 결합관계 (거래의 8 요소)**

거래의 요소 태어난 차·대변 요소구분

< 차변요소 >	< 대변요소 >
자산증가 (+)	
	부채증가 (+)
	자본증가 (+)
비용발생	수익발생

🖊 거래의 요소가 처음 태어난 자리, 즉 차변, 대변 확인부터 이해하기.

🔊 거래요소의 결합관계

차변요소	대변요소
· 자산의 증가	· 자산의 감소
· 부채의 감소	· 부채의 증가
· 자본의 감소	· 자본의 증가
· 비용의 발생	· 수익의 발생

2. 거래의 종류

거래는 자산, 부채, 자본, 수익, 비용 중 어디에 증감변화가 일어나는가에 따라서 나눈다.

거래는 손익의 발생여부에 따라 교환거래, 손익거래 및 혼합거래로 나누어지고, 현금의 수지면에서 현금거래(입금거래, 출금거래)와 대체거래로 나눌 수 있다.

1) 교환거래

수익·비용이 발생하지 않고 자산·부채·자본만이 서로 증감하는 거래이다.

2) 손익거래

비용이나 수익이 발생하고 다른 한 쪽은 자산·부채·자본의 증감이 발생한다.

3) 혼합거래(교환거래 + 손익거래)

한 거래에 교환거래와 손익거래가 결합되어 발생하는 거래이다.

```
                (차변)                              (대변)
        자산: 부,자100 // (교)
                  +
          비용 50 // (손)
                                          자산: 부,자 100(교)
                                                    +
                                            수익  50(손)
        ─────────────────────────────────────────────────
        혼합거래=교환+손익
```

4) 대체거래

현금을 주고받지 않는 거래를 말한다.

(1) 입금거래 : 현금이 수입되는 거래

(2) 출금거래 : 현금을 지급하는 거래

(3) 대체거래 : 현금의 수지를 수반하지 않는 거래로서 완전대체거래와 일부대
    체거래가 있다.

   ① 외부거래 : 대부분의 일반적인 거래를 말하며 외부에서 발생하는 구입거래
      와 판매거래가 있다.

   ② 내부거래 : 기업내부에서 발생하는 본점과 지점과의 거래나 공업부기에서
      제품의 생산과정에서 발생하는 거래를 말한다.

   ③ 교환거래 : 자산, 부채, 자본의 증감 거래만 발생하고 비용, 수익은 발생하
      지 않는 거래를 말한다.

   ④ 손익거래 : 수익이나 비용이 발생하는 거래

   ⑤ 혼합거래 : 교환거래와 손익거래가 혼합되어 발생하는 거래를 말한다.

3. 거래의 이중성

거래의 구성요소를 분석하면, 그 중에는 반드시 원인과 결과와의 결합관계를 알 수 있다. 즉 회계상 일어나는 거래는 반드시 짝을 이루는 두 가지 이상의 사실로 규정되어 한 쪽이 자산의 증감원인이 생기면 다른 편에 같은 금액의 다른 요소의 증감변화가 생기는 데 이를 거래의 이중성이라 한다.

예를 들어 관리비 1,000,000원이 농협 통장에 입금되었을 때 차변에 보통예금 1,000,000(자산의 증가) 대변에 미수관리비 1,000,000(자산의 감소)가 나타난다.

✎ 차변과 대변

회계에서 기장(또는 분개)할 때 왼편을 차변이라 하고, 오른편을 대변이라 한다.

4. 대차평균의 원리

회계는 거래의 이중성에 의하여 차변계정과 대변계정의 동일한 금액으로 기입된다. 그러므로 많은 거래가 발생되어도 모든 거래의 차변금액 합계와 대변금액의 합계는 반드시 일치하게 되는데 이를 대차 평균의 원리라 한다.

회계 기입에 있어서는 대차평균의 원리를 이용하여 전체계정의 차변합계와 대변합계의 일치여부를 확인함으로써 장부기록의 경우를 검증할 수 있는데 이것을 복식부기의 자기검증기능이라고 한다.

🔍 거래의 이중성

차변		대변
1,000	/	1,000
10,000	/	10,000

11,000 // 11,000 (대차평균의 원리라 한다)		

5. 거래의 8요소

부기상의 거래를 발생 요소별로 분류하면, 자산의 증가와 감소, 부채의 증가와 감소, 자본의 증가와 감소, 비용의 발생, 수익의 발생이라는 8가지 요소로 분류할 수 있는데, 이를 거래의 8요소라 한다. 주의할 것은 거래가 발생하면 반드시 차변과 대변의 요소가 결합하여 나타나며, 차변요소끼리 또는 대변요소끼리는 절대로 결합이 이루어지지 않는다.

차 변	대 변
· 자산의 증가 · 부채의 감소 · 자본의 감소 · 비용의 발생	· 자산의 감소 · 부채의 증가 · 자본의 증가 · 수익의 발생

1) 부기의 기초적인 원리로서 모든 회계의 기본이 된다.

차변에 자산의 증가가 나타나면 반대요소의 대변에는 자산의 감소, 부채의 증가, 자본의 증가, 수익의 발생 중 반드시 하나가 나타난다.

2) 거래의 예시

(1) 1월 15일에 정화조 모터를 300,000원에 제일모터에 수리하다.

차변 (수선유지비 300,000) (비용 발생)	(대변) 현금 300,000 (자산 감소)

(2) 1월 31일 관리비 40,000,000원이 발생하여 1월분을 마감하다.

대변(미수관리비 40,000,000) (자산 증가)	차변(관리비수입 40,000,000) (수익 발생)

* 간혹 미수관리비와 미부과관리비를 통합하여 사용하는 경우도 있고, 구분하여 사용하는

경우도 있는데 추후에 설명하고자 한다.

(3) 2월 25일 2월분 급여 10,000,000원이 농협에서 자동이체된다.

| 대변(급여 10,000,000) | 차변(보통예금 10,000,000) |
| (비용 발생) | (자산 감소) |

실제의 거래는 거래의 8요소가 일정한 관계에 의하여 결합되는 관계를 말한다.

실제의 거래의 8요소가 일정한 관계에 의하여 결합되는바, 이것을 거래요소의 결합관계 라고 한다. 두 요소는 서로 원인과 결과의 관계에 있고, 항상 양쪽에 같은 금액이 발생하게 된다. 이것을 거래의 이중성이라 하며, 복식회계의 특징이다.

차 변	대 변
· 자산의 증가	· 감소 *자산의계정: 증가를 차변에, 감소를 대변에
· 부채의 감소	· 증가 *부채의계정: 증가를 대변에, 감소를 차변에
· 자본의 감소	· 증가 *자본의계정: 증가를 대변에, 감소를 차변에
· 비용의 발생	· 소멸 *비용의계정: 발생을 차변에, 소멸을 대변에
· 수익의 발생	· 소멸 *수익의계정: 발생을 대변에, 소멸을 차변에

결합되는 두 요소는 서로 원인과 결과의 관계에 있고, 양쪽에 같은 금액이 발생하게 된다.

6. 단계절차

거래 - (분개) - 분개장 - (전기) - 총계정 - T계정마감 - 시산표 - 정산표 - 재무제표, 보고서(재무상태표, 손익계산서, 현금흐름표, 자본변동표, 주석) 등으로 표시한다.

✏ 분개

① 어느 계정에 기입할 것인가
② 그 계정의 차변에 기입할 것인가
③ 기입할 금액은 얼마인가를 결정하는 절차를 분개라고 한다.

✏ 전기

분개기입이 끝나면, 분개의 차변에 있는 계정은 그 계정의 차변에 기입하고, 대변에 있는 계정은 그 계정의 대변에 기입 한다. 이와 같이 분개를 옮겨 적는 일을 전기라고 한다.

예 ・ 거래: 상품 ₩35,000을 현금으로 매입한다.

・ 분개:

차 변	대 변
상품 35,000	현금 35,000

・ 전기:

차)	상품	대)	차)	현금	대)
35,000				35,000	

✏ 분개장

날짜		적 요		원면	차 변	대 변
9	2	제좌 (당좌예금) (단기차입금) (이자 비용) 차입금 원금과 이자 상환			1,000,000 50,000	1,050,000
	4	(복리후생비) (현 금) 종업원 체육복 구입			300,000	300,000

@ 혼/손 거래.

학습토론

1. 토론

   회계상의 거래는 O표 아닌것은 X표를 하라.

   1. 상품 5,000의 주문을 받다. (x)

   2. 수수료 1,500을 현금으로 받다. (O)

   3. 건물 500,000을 월세 100,000에 빌리기로 한다. (x)

   4. 상품 20,000을 도난당하다. (O)

   5. 보험료 15,000을 현금으로 지급하다. (O)

2. 토론

   교환거래 O표, 손익거래 X표, 혼합거래 *표를 하라.

   1. 전보요금 1,000을 현금으로 지급하다 (x)

   2. 상품 25,000을 외상으로 매입하다. (O)

   3. 대여금 10,000과 이자 500을 현금으로 받다. (*)

   4. 상품 50,000을 외상으로 매출하다. (O)

   5. 수수료 7,000을 현금으로 받다. (x)

연구학습

1. 호텔회계 란 설명하시오.

2. 회계단위와 기간을 설명하시오.

3. 회계5가지 개념 설명하시오.

4. 거래의 종류 설명하시오.

5. 회계상거래와 일상생활상거래차이 설명하시오.

6. 회계복식과 단식을 설명하시오.

상하이 디존호텔

호텔회계원론

계정의 분류와 이해

제1절 자산, 부채의 분류

1. 자산의 분류

✎ **자산**: 1년을 기준으로

(1) 유동자산: 1년 이내 현금화

① 당좌자산: 판매 과정 없이 즉시 현금화할 수 있는 자산

② 재고자산: 판매 과정을 통해 현금화할 수 있는 자산

(2) 비유동자산: 1년이상 장기

① 투자자산: 장기 투자를 목적으로 보유하고 있는 자산
② 유형자산: 장기간 동안 영업 활동에 사용할 목적으로 취득한 것으로 구체적인 형체가 있는 자산
③ 무형자산: 영업활동에 사용할 목적으로 취득한 것으로 구체적인 형체가 없는 자산
④ 기타 비유동자산: 투자수익이 없으며 투자자산, 유형자산, 무형자산으로 분류하기 어려운 비유동자산

2. 부채의 분류

✎ **부채**: 빚, 1년 기준 단기와 장기 채무

(1) 유동부채: 1년 이내에 갚아야 하는 단기 채무

· 종류: 외상매입금, 지급어음, 단기차입금, 미지급금, 선수금, 가수금, 미지급 비용 등

(2) 비유동자산: 상환기간이 1년 이상인 장기 채무

· 종류: 사채, 장기차입금, 퇴직급여충당부채, 장기매입채무 등

3. 현금

✎ **현금**: 돈을 말한다.

(1) 통화한국은행에서 발행된 지폐나 주화(동전)를 말한다.

(2) 통화대용증권: 타인발행수표(동점발행수표), 자기앞수표, 가계수표, 우편환증서, 송금수표, 기한이 도래한 공·사의 이자표, 일람출금어음, 우편대체예금 환급증서, 국고지급통지서, 배당금영수증, 여행자수표 등을 말한다.

* 돈은 아닌데 현금처럼 쓴다.

① 예문) 업무용 컴퓨터 1대를 250,000에 구입하고, 대금은 소지하고 있던 자기앞 수표로 지급하다.

분개) 차) 비 품 250,000   //   대) 현 금 250,000

② 예문) 동국상점에 상품 200,000(원가 150,000)을 매출하고, 대금은 동점 발행 당좌 수표로 받다.

분개) 차) 현금 200,000   //   대) 상 품 150,000
상품매출이익 50,000

4. 보조기입장

1) 현금출납장

현금출납장

월일		적요	수입	지출	잔액
4	1	전월이월			200,000
	3	상품매입대금지출	200,000	100,000	100,000
	18	상품매출대금수입			450,000
	27	종업원급여 지급	350,000	200,000	250,000
	30	차월이월		250,000	
5	1	전월이월	250,000		250,000

2) 당좌예금 출납장

거래란 당좌예금을 갖고 있는 기업이 상거래 등을 위해 발행하는 약속어음이나 당좌수표 등의 지급업무를 은행에 위탁해 거래하는 것이다. 법인이나 사업자 등록증을 가진 개인만이 당좌를 개설할 수 있다.

당좌예금 출납장

날짜		적요	예입	인출	차·대	잔액
4	1	전월이월	50,000		차	50,000
	4	상품매출대금	70,000		차	120,000
	12	상품매입대금		200,000	대	80,000
	23	현금매입	200,000		차	120,000

* 차) 당좌예금에서 인출되고,(자기자본)
* 대) 당좌차월에서 인출된다.(은행부채) 그리고 차변과 대변을 뜻한다.

분개) 4/4 챁) 당좌예금 70,000 // 대) 상품 70,000

　　　4/12 차) 상품 200,000   // 대) 당좌예금 120,000

　　　　　　　　　　　　　　　　　　당좌차월 80,000

　　　4/23 차) 당좌차월 80,000 // 대) 현 금 200,000

　　　　　　　　　　　　　　　　　　당좌예금 120,000

5. 현금성 자산 계정

1) 현금성 자산

3개월 이내 현금화할 수 있어야 한다. 현금, 당좌예금, 현금성 자산은 모두 통합하여 작성한다. 재무상태표에서 현금 및 현금성자산이라고 작성한다.

2) 요구불예금

즉시 요구하면 즉시 지불한다.

예 당좌예금과 보통예금이 있다.

3) 소액현금제도

사무실 경비 사용시 잔금 사용 편의 위해 = 용도계

작성하는 표를 말한다. 일정한 금액을 미리 내주고 차후 보고 받는다.

6. 계정과목

1) 계정기입법칙

(1) 계정의 정의

거래가 발생하면 자산, 부채, 자본에 변동이 일어난다. 이 경우 각 요소의 변동 내용을 명확히 기록, 계산하기 위해서는 각 항목별로 구체적인 장소가 필요한데 이렇게 특정하게 기록, 계산하는 장소적 단위를 계정(account, a/c)이라고 하며 계정의 명칭을 계정과목, 계정기입의 장소를 계정계좌라고 한다.

또한 계정계좌는 좌 우 2개의 계산 장소가 있는데 계정의 왼쪽을 차변(Debit, Dr), 오른쪽을 대변(Credit, Cr)이라고 한다.

(2) 계정의 분류

계정은 기업의 성질 또는 사업의 실태에 따라 여러 가지로 분류할 수 있으나 그 가운데 가장 합리적이며 이해하기 쉬운 방법으로는 대차대조표계정과 손익계산서계정으로 나누어 분류 정리하는 방법이다.

이 방법은 미국에서 주로 행하여지고 있으므로 미국식 계정분류라고 부르기도 하고 현행 기업회계기준에서도 이 분류법을 채택하고 있다.

계정의 분류		계정과목
B/S 계정	자산 계정	현금, 매출채권, 대여금, 선급금, 상품, 건물, 기계장치 등
	부채 계정	매입채무, 단기차입금, 사채, 미지급금, 선수금 등
	자본 계정	자본금, 자본잉여금, 이익잉여금, 자본조정 등
I/S 계정	수익 계정	상품매출이익, 임대료, 이자수익, 유가증권처분차익 등
	비용 계정	급여, 임차료, 감가상각비, 대손상각비, 이자비용 등

① 자 산: 자산은 특정의 경제실체가 과거의 거래나 사건의 결과로서 획득했거나 통제하고 있는 미래의 경제적 효익(용역잠재력)을 말한다.

② 부 채: 부채는 과거의 거래나 경제적 사건의 결과로서 미래의 특정 경제실체가 다른 경제실체에 자산을 이전하거나 용역을 제공해야 할 현재시점의 의무로부터 발생하는 미래의 경제적 의무(경제적 효익의 희생)이라고 한다.

③ 자 본: 기업이 소유하고 있는 자산에서 부채를 차감한 잔액(순자산)을 말한다. 즉 부채가 기업자산에 대한 채권자 지분을 의미한다면, 자본은 기업자산에 대한 출자자 지분을 의미한다(소유주 지분 또는 주주 지분).

(3) 계정과목이란 무엇인가?

자산, 부채, 자본, 수익, 비용 등의 분류만으로는 기업에서 발생하는 각종의 거래를 구체적으로 기록 계산할 수 없으므로 복식회계에서는 이들을 형태, 성격에 따라 세분하여 기록, 계산의 단위로 삼게 된다.

이와 같이 복식회계에서 설정되는 기록, 계산의 단위를 계정이라 하며, 계정의 이름을 계정과목 계정기입의 장소를 계정계좌라고 부른다. 각 계정계좌에는 좌우로 두 개의 기입란을 두게 되는데 왼쪽을 차변 오른쪽을 대변이라 한다. 약식 계정개좌는 다음과 같다.

(차변)				○○ 계정			(대변)
왼쪽	차변	항목	기록	오른쪽	대변	항목	기록

모든 거래는 자산, 부채, 자본계정 및 수익과 비용계정 중 각 해당 계정에 영향을 미치기 때문에 그 변동사항에 따라 해당 계정의 차변이나 대변에 기록한다는 것을 배웠다, 이때 기록하는 각 계정은 구체적인 명칭을 갖는데 이를 계정과목이라고 한다.

계정과목을 사용하는 이유는 같은 성질을 가진 자산(재산)이나 부채를 명확히 구분할 수 있으며, 회계처리와 회계보고서를 만들 때 편리하기 때문이다.

회계를 잘하기 위해서는 각각의 계정과목을 알아야 한다.

일상용어	회계용어(계정과목)
자기앞수표, 돈	현금 및 현금성자산
외상대금으로 받을 돈	외상매출금, 매출채권
외상으로 갚을 돈	외상매입금, 매입채무
버스비, 택시비	교통비
은행 빚	차입금
자동차, 트럭	차량운반구

(4) 자산의 계정과목

자산은 기업이 보유한 금전적 가치가 있는 재산을 말한다. 재산의 종류에 따라 다음과 같은 계정과목을 참고하자.

자산의 계정과목	계정과목 설명
현금	현금 및 현금성자산으로 통합한다.
예금(단좌예금, 정기예금, 보통예금)	현금 및 현금성자산으로 통합한다.
상품 또는 재고자산	재고자산 밑에 상품, 제품, 원재료식으로 나눔
소모품	문방구와 같은 사무용품 등
유가증권	재무상태표에는 다른 명칭으로 구분
외상매출금 또는 매출채권	외상으로 상품을 팔거나 서비스를 제공한 경우
받을 어음 또는 매출채권	어음을 받고 상품을 판 경우
미수금	상품 이외의 비품 등을 외상판매한 경우
단기대여금	현금을 빌려주고 1년 이내에 받을 돈
건물	공장건물, 사무실건물
비품	컴퓨터, 책상 등
차량운반구	승용차, 트럭 등
토지	회사가 소유하는 땅
특허권	특허를 얻기 위해 들어간 돈
영업권	보통 권리금이라고 하여 웃돈을 준 것임
장기금융자산	1년 이상 만기인 CD 등
투자부동산	사업에 사용하는 것이 아닌 토지
장기대여금	현금을 빌려주고 1년 이후에 받을 돈

(5) 부채의 계정과목

부채는 다른 사람에게 빌린 돈처럼 앞으로 갚아야 할 빚이나 채무를 말한다.

자산의 계정과목	계정과목 설명
사채	회사가 회사채를 발행해서 빌린 돈
퇴직급여채무	직원 토직 시 지급할 돈
장기차입금	은행 등에서 빌린 돈으로 1년 이후에 갚을 돈
미지급임차료	집세가 밀린경우
미지급급료	지급하지 않은 급료
미지급금	상품 이외 비품, 소모품 등 외상으로 구입
단기차입금	은행에서 돈을 1년 이내에 갚을 돈
외상매입금 또는 매입채무	상품 등 외상으로 구입
지급어음 또는 매입채무	상품 등 구입하고 어음발행 경우

(6) 자본의 계정과목

자본은 자산에서 부채를 빼고 남은 돈으로 기업의 주인에게 돌아갈 몫(지분)을 말한다.

자산의 계정과목	계정과목 설명
주식발행초과금	주식의 액면가액을 초과해서 주주가 출자한 경우 (액면초과액)
자본금	주주가 출자한 돈으로서 주식의 액면가액
이익잉여금	영업으로 벌어들인 순손익을 기록하는 계정

(7) 수익의 계정과목

기업이 수익사업을 통해 벌어들인 돈을 말한다.

자산의 계정과목	계정과목 설명
이자수익	예금이자 등
매출	상품(유통업)이나 제품(제조업)을 판매한 금액
임대료수익	건물 등 임대하고 받는 돈
이자수익	예금이자 등

(8) 비용의 계정과목

기업의 비용은 사업을 위해 사용한 돈을 말한다.

자산의 계정과목	계정과목 설명
접대비	거래처 접대비용
차량유지비	기름, 정비, 주차료등
복리후생비	종업원 식대, 경조금, 회식비
임차료	매장 임차비용
급여	종업원에게 지급한 월급, 임금
매출원가	판매한 상품이나 제품의 원가

(9) 계정과목표

　기업이 회계기록을 편리하게 하기 위하여 자산, 부채, 자본, 수익 및 비용의 세부
계정과목 명칭과 계정번호를 정리하여 하나의 표로 만든 것을 계정과목표 라고
한다.

계정과목표	
(자산) 현금 외상매출금 받을어음 소모품 비품 차량운반구 건물 토지	(부채) 외상매입금 지급어음 미지급금 차입금 (자본) 자본금 이익잉여금
(비용) 급료 임차료 이자비용 소모품비	(수익) 용역매출 이자수익

7. 계정계좌

1) 계정

　계정이란 거래의 기록을 위해서 설정되는 기록, 계산의 단위를 말한다. 자산, 부
채, 자본, 수익, 비용 등의 분류만으로는 기입에서 발생하는 각종의 거래를 구체적

으로 기록계산할 수 없으므로 복식회계에서는 이들을 형태, 성격에 따라 세분하여 기록, 계산의 단위로 삼게 된다.

이와 같이 복식회계에서 설정되는 기록, 계산의 단위를 계정이라 하며 계정의 이름을 계정과목 계정기입의 장소를 계정계좌라고 부른다. 각 계정계좌에는 좌우로 두 개의 기입란을 두게 되는데 왼쪽을 차변 오른쪽을 대변이라 한다. 약식의 계정개좌는 다음과 같다.

(차변)	∞ 계정	(대변)
———————————————— // ————————————————		

(1) 계정기입의 법칙

각 계정에 기입되는 모든 거래는 증가와 감소 또는 발생과 소멸 등의 서로 반대되는 두 가지 측면을 가지고 있다. 각 계정과목의 증감과 발생이 각 계정의 차변과 대변에 어떻게 기입되는가를 나타낸 것을 "계정기입의 법칙"이라고 한다.

▦ 대차대조표 계정

- 자산계정: 증가를 차변에, 감소를 대변에 기입한다.
- 부채계정: 증가를 대변에, 감소를 차변에 기입한다.
- 자본계정: 증가를 대변에, 감소를 차변에 기입한다.

▦ 손익계산서 계정

- 수익계정: 발생을 대변에, 소멸을 차변에 기입한다.
- 비용계정: 발생을 차변에, 소멸을 대변에 기입한다.

◎ "계정기입의 법칙"은 "분개의 법칙"과 일치하므로 매우 중요한 법칙이다.

(2) 계정기입 방법

자산계정		부채계정		자본계정	
증 가(+)	감 소(−)	감 소(−)	증 가(+)	감 소(−)	증 가(+)

비용계정		수익계정	
발 생(+)	소 멸(−)	소 멸(−)	발 생(+)

2) 계정의 분류

자산, 부채, 자본, 비용, 수익 계정을 말한다.

계정은 그 기록 계산의 대상항목이 자산, 부채, 자본, 수익, 비용 중 어디에 속하는 가에 따라 자산의 계정, 부채의 계정, 자본의 계정, 수익의 계정, 비용의 계정 등으로 구분할 수가 있다. 그 중 자산 부채 자본의 계정은 결산 재무상태표에 기재되므로 재무상태표 계정이라 하고 수익 비용의 계정은 손익계산서에 기재되므로 손익계산서 계정이라 한다.

(1) 재무상태표 계정

① 자산계정: 현금, 외상매출금, 상품 등

② 부채계정: 외상매입금, 차입금 등

③ 자본계정: 자본금 계정 등

(2) 포괄손익계산서 계정

① 비용계정: 급료, 지급이자 등

② 수익계정: 상품매출이익, 수입수수료계정 등

(3) 대차평균의 원리

모든 거래의 차변과 대변 금액은 일치해야 한다.

3) 계정기입법칙

거래는 반드시 거래요소이 결합관계표의 왼쪽과 오른쪽으로 분해되어 차변의 요소는 관계되는 계정의 차변에 대변의 요소는 관계되는 계정의 대변에 기입된다. 이러한 관계를 계정기입법칙이라 한다.

차 변	대 변
・자산의 증가	・감소 *자산의 계정: 증가를 차변에, 감소를 대변에
・부채의 감소	・증가 *부채의 계정: 증가를 대변에, 감소를 차변에
・자본의 감소	・증가 *자본의 계정: 증가를 대변에, 감소를 차변에
・비용의 발생	・소멸 *비용의 계정: 발생을 차변에, 소멸을 대변에
・수익의 발생	・소멸 *수익의 계정: 발생을 대변에, 소멸을 차변에

결합되는 두 요소는 서로 원인과 결과의 관계에 있고, 양쪽에 같은 금액이 발생하게 된다.

제2절 **기록, 계산, 정리한 장부**

1. 장부

각종거래를 기록, 계산, 정리하기 위하여 낱장을 적당한 방법으로 정리해 놓은 것을 장부라 한다.

▦ 장부종류

장부는 그 기록의 목적 범위 등에 따라 주요부와 보조부로 구분된다.

- ✎ 주요주: 기업경영을 총괄적으로 파악하고, 재무제표를 작성하는 기초로 하기 위하여, 모든 거래를 주로 금액적으로 기록하는 장부로서 분개장과 총계정 원장으로 구별한다.
- ✎ 보조부: 주요부의 특정한 계정 과목의 내용을 상세히 기록함, 기록상의 부족을 보충하는 장부다. 분개장의 보조적 역할을 하는 보조기입장과 총계정 원장의 보조적 역할을 하는 보조 원장이 있다.

1) 분개장

(1) 분개(Jorunalizing)

모든 거래에 분개를 행사하는 주요부를 분개장이라고 한다. 분개장은 모든 영업활동의 역사적 개요를 나타내며, 원장기록의 기초가 된다.

거래가 발생하면 그 사실을 총계정원장에 직접기입 하기 전에 미리 총계정원장 ① 어느 계정에 ② 어느 변에 ③ 얼마의 금액을 기입할 것인가를 결정하여 기록하는 것을 말하며, 이 장부를 분개장(영업일기장)이라고 한다.

따라서 분개의 절차는 ① 구체적인 계정과목을 결정하고 ② 차변요소와 대변요소를 결정하여 ③ 양변에 같은 금액을 기록하는 순서이다.

(2) 전기(Posting)

거래가 발생하여 분개장에 분개의 기입이 끝나면, 분개의 차변에 있는 금액은 총계정원장의 차변에, 분개의 대변에 있는 금액은 총계정원장의 대변에 각각 옮겨 기입한다. 이와 같이 분개장에 기록된 거래를 총계정원장의 각 계정계좌에 옮겨 적는 절차를 "전기(轉記)"라고 한다.

   ▦ 전기하는 절차

      ✎ 분개된 차변금액은 원장의 해당 계정의 차변에 기입하되 계정과목란(적요)에는 상대계정과목을 기입한다.

      ✎ 분개된 대변금액은 원장의 해당 계정의 대변에 기입하되 계정과목란(적요)에는 상대계정과목을 기입한다.

      ✎ 상대 계정과목이 두 개 이상일 때는"제좌"라고 기입한다.

2) 총계정원장

(1) 총계정원장의 정의

분개장에서 분개기입이 끝나면 자산, 부채, 자본, 수익, 비용에 속하는 각 해당 계정에 거래를 옮겨 적여야 하는데 이들 모든 계정이 설정되어 있는 장부를 총계정원장 또는 원장이라고 하며 분개장과 함께 주요장부에 해당된다.

원장에는 거래의 기록에 필요한 모든 계정이 설정되어 있으므로, 차후에 대차대조표와 손익계산서를 작성하는데 기초의 장부가 된다.

3) 회계장부

(1) 주요장부

① 분개장: 거래를 발생 순서대로 처음부터 끝까지 기록하는 중요한 장부로써 원시장부라고도 한다.

② 총계정원장: 모든 계정계좌를 설정하여, 분계장으로 부터의 전기에 의하여 거래를 각 계정별로 기록, 계산하는 주요부를 총계정원장 또는 단순히 원장이라 한다. 모든 영업활동의 결과가 분석, 정리되는 장부로서 재무제표 작성의 기초가 된다. 분개장에 기록된 모든 거래를 계정과목별로 분류 기록함으로서 차후 재무제표작성의 기초가 되는 가장 중요한 장부이다.

(2) 보조장부

주요장부를 보조하기 위하여 필요에 따라서 작성되며 업무분담과 업무견제 및 확인 역할을 하며 보조기입장과 보조원장으로 나누어 볼 수 있다.

① 보조기입장: 현금출납장, 당좌예금출납장, 소액현금출납장, 매입장, 매출장, 받을어음기입장, 지급어음기입장 등
② 보조원장: 상품재고장, 매출처원장, 매입처원장, 적송품원장, 수탁판매원장, 수탁매입원장, 유형자산대장, 비품대장, 주주원장 등

2. 보조부

✐ 보조기입장: 단순히 거래의 구체적 사실을 기입한다.
　　[예] 매입장, 매출장, 현금 출납장, 당좌 예금 출납장 등

✐ 보조원장: 특정계정의 명세를 작은 계정별로 기록계산하는 보조부이다.
　　[예] 매입처 원장, 매출처 원장, 상품 재고장 등이 있다.

3. 장부기록

(거래) ---- (분개장) ---- (총계정원장) ---- (재무상태표, 포괄손익계산서)

(분개)　　　(전기)　　　　　(결산)

1) 분개장

두 가지 기록방식은 병립식과 분할식이 있다.

(1) 병립식 분개장

날짜		적요	원면	차변	대변
3	1	(현금) 　　　　　　　(자본금) 현금 출자하여 개업하다.	1 2	500,000	500,000

(2) 분할식 분개장

차변	원면	적요	원면	대변
500,000	1	3/1 (현금)　　　　　　(자본금) 현금 출자하여 개업하다.	2	500,000

4. 분개와 전기

회계거래 - 분개(차/대) - 분개장 - 전기: 총계정원장(T자 집들의 모임)

◈ 분개: 차변, 대변에 기입할 것인가를 분해하는 것

◈ 전기: 거래가 분개되면, 즉시 각 계정 계좌에 옮겨 기입해야 한다. 즉, 분개를 계정에 옮겨 기입하는 것을 전기라 한다.

예 (거래) 현금 100,000을 투자하여 영업 개시하다.

(분개) (차변)   현 금 100,000   //   (대변)   자본금 100,000

(전기)   현 금   자본금

                        자본금 100,000   현금 100,000

                    (현금의 상대 과목작성)   (자본금의 상대 과목작성)

예 (거래) 상품 35,000을 현금으로 매입하다.

                                (차변)   (대변)

(분개)   상품 35,000   현금 35,000

(전기)   상 품   현 금

                            현금 35,000   상품 35,000

                        (상대편 계정작성)   (상대편 계정작성)

학습토론

1. 예 상품 10,000을 외상으로 매입하다.

(자산)

           차변   //   대변

  자산의 증가 10,000   //   부채의 증가 10,000

  (분개) 상품 10,000   //   외상매입금 10,000

  (전기) 상품   외상매입

   외상매입 10,000   상품 10,000

2. 예 상품 40,000을 매입하고 대금 중 20,000은 현금으로 지급하고, 잔액은 외상으로 하다.

분개)

상품(자산의 증가) 40,000   //   현금(자상의 감소)   20,000

                           외상매입금(부채의 증가) 20,000

3. 예 외상 매입금 20,000을 현금으로 지급하다.

분개)

외상매입금(부채감소) 20,000   //   현금(자산의 감소) 20,000

4. 분개를 계정에 전기한 뒤 계정 집계표를 작성하시오.

   차)   현 금 5,000   대)   자본금   5,000

         상 품 5,000   외상매입금 5,000

외상매입금	4,000	현 금	4,000
외상매출금	5,000	상 품	5,000
현 금	2,000	차입금	2,000

(상대편 계정기록주의)

현 금	외상매출금	상 품
1. 자본금 5,000	3. 외상매입금 4,000	4. 상품 5,000
2. 외상매입금 5,000	4. 외상매출금 5,000	5. 차 입 금 2,000

외상매입금	차입금	자본금
3. 현 금 4,000	1. 상 품 5,000	5. 현 금 2,000
		1. 현 금 5,000

5. 계정집계표

차 변	계정과목	대 변
7,000	현 금	4,000
5,000	외상매출금	
5,000	상 품	5,000
4,000	외상매입금	5,000
	차입금	2,000
	자본금	5,000
21,000		21,000

6. 계정 과목 중 자산(A) 부채(B) 자본(c) 수익(D) 비용(E) 등을 ( ) 속에 써 넣으시오.

1. (A) 당좌예금   2. (B) 지급어음   3. (B) 외상매입금   4. (B) 가수금

5. (A) 비품   6. (A) 외상매출금   7. (B) 선수금   8. (A) 부도어음

9. (E) 운반비   10. (E) 여비교통비   11. (D) 수입수수료   12. (E) 대손충당금전입액

13. (E) 소모품비   14. (E) 감가상각비   15. (A) 현금

7. 다음을 분개와 전기를 하여라.

4월 1일 건물에 대한 보험료 120,000을 현금으로 납부하다.

분개) 차변) 비용발생   // 대변)

전기)   (보험료)   (현금)

8. 현금 100,000을 은행에서 차입하다.

차)   자산의 증가   //   대) 부채의 증가

   (자산의 계정과목이름)   //   단기차입금

▦ 회계거래

회계거래 - 분개(차/대) - (분개장)

  ✎ 전기: 총계정원장(T자 집들의 모임)

▦ 회계장부

  ✎ 주요부(분개장, 총계정원장)

  ✎ 보조부(보조원장, 보조기입장)

제3절 검증하기 위한 집계표

1. 시산표

1) 시산표의 개념

기업의 거래는 분개장에 기입한 후 원장에 전기하게 된다. 모든 거래가 적절하

게 분개되고 또 원장에서의 전기가 정확하게 이루어졌다면, 대차평균의 원리에 의해 모든 계정의 차변합계액과 대변합계액은 일치하여야 한다. 이렇게 대차평균의 원리를 이용하여 원장기입이 정확한가의 여부를 조사하기 위해서 원장의 각 계정과 금액을 모아 작성한 것을 시산표라고 한다.

총계정 원장의 각 계정에 전기가 정확하게 기록되었는가를 대차평균의 원리에 따라 검증하기 위한 집계표이다.

(1) 시산표의 역할

① 분개와 원장기록의 정확여부를 검산한다.
② 계산상태나 영업성적의 개요를 파악한다.

(2) 시산표의 기능

① 원장 기록의 장부를 검증한다.
② 경영 상태의 개요를 파악하는 기능을 한다.
③ 회계의 자기 검증 기능이라 한다.

(3) 시산표 작성 이유

분개 내용이 총계정원장에 정확히 기록되었는가?
(잔액) 시산표 등식
(차) 기말자산 + 총비용=
(대) 기말부채 + 기초자본 + 총수익

반드시 일치 한다.

2. 시산표의 종류

작성내용의 관점에 따라 작성한다.

1) 형태에 따른 분류

　① 합계시산표: 원장 각 계정의 차변합계액과 대변합계액을 모은 것이다.

　② 잔액시산표: 각 계정의 잔액만을 모아서 하나의 표로 나타낸 것이다.

　③ 합계잔액시산표: 합계 시산표와 잔액 시산표를 하나의 표로 제시한 것이다.

2) 작성시기에 따른 분류

　① 정리전 시산표

　② 정리후 시산표

　③ 결산후 시산표

3. 거래의 이중성(자기검증기능을 갖는다.)

1/1 현금 1,000,000을 출자하여 영업을 개시하다.

차) 현금 1,000,000　//　대) 자본금 1,000,000

1/2 상품 200,000을 외상으로 매입하다.

차) 상품 200,000　//　대) 외상매입금 200,000

현 금	자본금
자본금 1,000,000	현금 1,000,000

상 품	외상매입금
외상매입금 200,000	상품 200,000

* 차변 합과 대변 합 일치한다. 분개정확성과 전기정확성 확인 후 하나의 계정 집계표가 시산표

4. 잔액시산표

잔액만 모아서 작성한 시산표(차변과 대변 비교후 높은 잔액)

차 변	원 면	계정과목	대 변
		잔액 시산표	
300,000	1	현 금	잔액 700,00−400,000=300,000
200,000	2	받을 어음	
자산 70,000	3	단기 대여금	
300,000	4	상 품	
	5	외상매입금	100,000 부채
	6	자본금	700,000 자본
	7	상품매출이익	170,000
	8	이자수익	30,000 수익
비용 130,000	9	급 여	1,000,000
1,000,000			

5. 시산표 오류

분개~전기에서 오류가 발생한다.

① 한 거래 전체의 분개가 누락되거나 전기가 누락된 경우

② 한 거래의 분개를 대차 반대로 전기한 경우

③ 차변과 대변 금액을 똑같이 잘못 기입한 경우

④ 다른 계정 과목으로 분개 또는 다른 계정과목에 전기한 경우

⑤ 한 거래를 이중으로 분개하거나 차변과 대변 양변에 이중 전기한 경우

* 왜! 차·대변 똑같이 틀렸으니까.

학습토론

1. 장부 란 설명하시오.

2. 주요부와 보조부를 설명하시오.

3. 분개와 전기란 설명하시오.

4. 다음을 분개와 전기 하시오.

　예) 상품 10,000을 외상으로 매입하다.

5. 시산표와 정산표란 설명하시오.

6. 시산표의 종류를 설명하시오.

Chapter 05

재무보고와 재무제표 작성

제1절 결산이해

1. 결산의 정의

결산이란 1회계 기간의 영업 성적과, 기말 현재의 재무 상태를 밝히는 절차를 말한다.

회계연도 말에, 그동안 기장되어온 장부들을 마감하고, 이로부터 회계연도의 경영성적을 나타내는 손익계산서와 회계연도 말일현재의 재무상태를 나타내는 재무상태표를 작성하는 절차를 결산이라 한다.

1) 재무제표의 종류

일반기업회계기준에 의해 6가지에서 5가지로

(1) 재무제표의 종류(5가지)

2010년 12월 30일 공표된 일반기업회계기준에 따른다.

(2) 제외된 것(이익잉여금처분계산서 제외됨)

① 재무상태표: 일정시점의 재무상태(자산, 부채, 자본) 보고
② 손익계산서: 일정기간의 경영성과 보고
③ 현금흐름표: 일정기간의 현금 유출입 내역보고
④ 자본변동표: 자본의 크기 및 그 변동에 관한 정보 보고
⑤ 주석: 재무제표상 필요한 추가적 정보 별지보고(포스트-잇)

2) 결산(結算)의 목적

결산은 발생주의회계의 원칙에 따라 자산, 부채, 자본의 변동 내역과 당기에 해당하는 수익, 비용의 내역 명확히 밝혀주는 것을 목적으로 한다.

2. 결산절차

결산의 본 절차와 보고서 작성에서는 다음과 같다.
총계정원장 마감은 순서가 있다.
① 수익, 비용 다음으로 ② 자산, 부채, 자본으로 마감한다.

분개장 및 보조부 마감 한다.

결산은 크게 예비절차와 본절차 그리고 후절차(재무제표 작성)으로 나누어 볼 수 있다.

1) 예비절차

시산표작성 - 재고조사표작성 - (정산표 작성) - 결산정리의 기입

2) 본절차

① 원장 각 계정의 마감: 수익, 비용 계정의 마감 - 집합손익 계정의 마감 - 자산, 부채, 자본계정의 마감
② 분개장 및 보조장부의 마감

3) 후절차

재무제표(결산보고서)의 작성

(1) 결산의 예비절차

회계 기간이 종료하게 되면 결산을 하게 되는데 결산에 있어 가장 기초가 되는 절차가 예비절차이다. 예비절차는 다음과 같다.

① 시산표 작성

예비절차에서 가장 먼저 작성하는 보고서이며, 최종적으로 만들어지는 재무제표를 만드는 데 중요한 작업이 되므로 반드시 해야 한다. 시산표란 총계정원장에

기록된 내용이 올바르게 작성되어있는지 확인하는 계정집계표이다. 시산표의 종류에는 합계시산표, 잔액시산표, 합계잔액시산표가 있다. 시산표는 재무상태표 계정(자산, 부채, 자본)과 포괄손익계산서 계정(수익, 비용)을 모두 기입하게 된다.

② 재고조사표 작성

시산표 작성이 끝나면 재고조사표를 작성해야 하는데 재고조사표란 장부에 기입되어 있는 금액이 실제 금액과 일치하지 않았을 때 장부상의 잔액을 실제잔액으로 맞추어주는 절차를 말한다. 결산 정리 수정 분개라고도 말한다. 재고조사표 작성이 끝나면 위에 작성한 시산표(수정 전 시산표에 해당함)를 다시 수정하게 되는데 이를 수정 후 시산표라 한다.

③ 정산표 작성

정산표는 시산표와 대차대조표, 손익계산서의 양식을 모두 갖춘 보고서이다. 정산표는 6위 식, 8위식, 10위식 정산표가 있으며 우리나라 기업회계기준에는 6위 식 정산표를 사용하게 되어 있다. 필수적으로 작성해야 하는 보고서는 아니다.

(2) 결산의 본 절차

예비절차가 끝나게 되면 본격적으로 주요장부와 보조장부를 모두 마감하게 되는데 이를 결산의 본 절차라고 한다. 본 절차는 다음과 같다.

① 주요부 마감

본 절차의 첫 단계는 주요부를 마감하는 것이다. 주요부에는 분개장과 총계정원장이 있다. 분개장은 거래의 발생 순서에 따라 거래의 이중성과 거래의 8요소에 따라 작성하는 장부이고 총계정원장은 자산, 부채, 자본, 수익, 비용을 각 계정별로 하나로 집합하여 기록하는 장부이다.

② 기타 장부 마감

주요부가 마감되면 주요부를 제외한 모든 장부를 마감한다.

🔎 장부의 종류

┌ 주요부 – 분개장, 총계정원장

└ 보조부 ┬ 보조원장 – 상품재고장, 매입처원장, 매출처원장

　　　　└ 보조기입장 – 현금출납장, 당좌예금출납장, 받을어음기입장, 지급어음기입장 등

🧮 총계정원장의 마감

① 손익계정을 설정하여, 수익 및 비용 계정의 잔액을 손익계정에 옮겨 적은 다음, 수익비용의 계정을 마감한다.

② 손익계정의 잔액(자본금)을 자본금계정에 옮겨 적은 다음, 손익계정을 마감한다.

③ 결산일의 날짜로, 자산, 부채, 자본의 계정잔액을 반대편에 차기 이월로 하여 기입한 다음, 이들 계정을 마감한다.

④ 자산, 부채계정 및 자본금계정의 차기이월액을 모아서, 이월 시산표를 작성한다.

⑤ 다음 회계년도 최초의 날짜로 자산, 부채계정 및 자본금계정의 잔액을 전기이월로 하여 기입한다.

🧮 분개장의 마감

① 회계연도 중의 거래의 분개에 대해서 대차합계액을 일치시킨 후 마감 한다.

② 결산에 관한 분개의 대차 합계액을 일치시킨 후 다시 마감한다.

③ 다음회계년도의 최초날짜로 이월시산표의 합계액을 차변, 대변에 각각 기입한다.

3. 손익계산서와 재무상태표의 작성

① 손익계정의 내용으로부터 손익계산서를 작성한다.
② 이원시산표의 내용으로부터 재무상태표를 작성한다.

🖩 결산의 절차(3단계)

(결산예비절차)	(결산 본절차)	(보고서절차)
* (수정 전) 시산표 작성 * 결산 정리 사항 수정 　및 재고 조사표 작성 * (수정 후) 시산표 작성 * 정산표작성	* 총계정원장 마감 * 분계장 및 보조부 　마감	* 재무상태표 * 손익계산서 * 현금흐름표 * 자본변동표

4. 재무제표(결산보고서)의 작성

본 절차가 끝나면 재무제표를 작성하게 된다. 재무제표에는 재무상태표, 포괄손익계산서, 현금흐름표, 자본변동표가 있으며 주석을 포함한다.

기업은 수정전 시산표에다 상기한 제반 결산절차에 따라서 기말정리사항을 추가하여 재무제표를 작성한다. 즉 주요 재부제표의 하나인 재무상태표에는 실질계정이 집계되어 기초와 비교하여 일정시점(기말)에서의 재부상태를 나타내는 보고서 역할을 하고, 포괄손익계산서에는 임시계정이 집계되어 일정기간 동안 기업의 영업성적을 나타내는 보고서로서 역할을 한다.

K-IFRS는 재무상태표, 포괄손익계산서, 자본변동표, 현금흐름표 및 주석 등을 주요 재무제표로 규정하고 있다.

1) 재무상태표

재무상태표는 크게 자산, 부채, 자본으로 구분하고, 이를 다시 자산은 2구분(유동, 비유동)하고 부채도 2구분(유동, 비유동)하며, 자본은 3구분(납입자본, 기타자본구성요소, 이익잉여금)하여 표시하여야 한다는 것을 말한다.

2) 포괄손익계산서

모든 수익과 비용은 그것이 발생된 기간에 정당하게 배분되도록 처리해야 한다는 것을 말한다. 따라서 수익은 실현된 시점에서 인식하고 비용은 발생된 시점에서 인식된다. 여기서 실현이란 특정거래에 대한 대가를 현금으로 받지 못하였더라도 수익으로 인식하는데 가장 중요한 업무(재화의 인도 또는 용역제공의 완료)가 종료된 것을 의미한다.

3) 회계공식정리

- 자본등식: 자산 - 부채 = 자본
- 재무상태표 등식: 자산 = 부채 + 자본
- 재산법: 기말자본 - 기초자본 = 당기순이익
- 손익법: 총수익 - 총비용 = 당기순이익

4) 보고서

예1

재무상태표(재무상태)

자 산	금 액	부채, 자본	금 액
기말자산	100,000	기말부채	60,000
		기말자본	40,000
	100,000		100,000

손익계산서(경영성과=경영성적)

비 용	금 액	수 익	금 액
총비용	40,000	총수익	50,000
당기순이익	10,000		
	50,000		50,000

예2 순이익이 발생한 경우(기초 자본금은 ₩10,000)

재무 상태표(대차대조표) 1/1~12/31 기말작성

과 목	금 액	과 목	금 액
기말 자산	50,000	기말 부채	30,000
		기말 자본	20,000
	50,000		50,000

@ 기말 자본에서 기초자본금 10,000과 당기순이익 10,000 구분하시오(나눈다).

손익 계산서

과 목	금 액	과 목	금 액
총 비 용	20,000		30,000
당기 순 익	10,000	총 수 익	
	30,000		30,000

@ 손익 계산서와 재무상태표는 당기 순이익이 같다. 그리고 순손익이 같아야 한다.

5) 작성방법

- 현금 및 현금성자산: 현금, 소액현금, 당좌예금, 보통예금, 현금성자산
- 단기투자자산: 단기금융상품, 단기대여금, 단기매매증권
- 매출채권: 외상매출금, 받을어음
- 매입채무: 외상매입금, 지급어음
- 단기차입금: 당좌차월
- 차감적 평가: 해당 자산계정과목 밑에 차감하는 형식 표시 예 대손충당금, 감가상각누계액
- 기말자본금: 기초자본금 + 당기 순이익 합산금액표시
- 주식회사: 자본금, 자본잉여금, 자본조정, 기타 포괄손익누계액, 이익잉여금으로 분류 표시

5. 총계정원장의 마감

① 손익계정을 설정하여, 수익 및 비용계정의 잔액을 손익계정에 옮겨 적은 다음, 수익 비용의 계정을 마감한다.

② 손익계정의 잔액(자본금)을 자본금계정에 옮겨 적은 다음, 손익계정을 마감한다.

③ 결산일의 날짜로, 자산, 부채, 자본의 계정잔액을 반대편에 차기 이월로 하여 기입한 다음, 이들 계정을 마감한다.

④ 자산, 부채계정 및 자본금계정의 차기이월액을 모아서, 이월 시산표를 작성한다.

⑤ 다음회계년도 최초의 날짜로 자산, 부채계정 및 자본금계정의 잔액을 전기 이월로 하여 기입한다.

6. 분개장의 마감

① 회계년도중의 거래의 분개에 대해서 대차합계액을 일치시킨 후 마감한다.

② 결산에 관한 분개의 대차 합계액을 일치시킨 후 다시 마감한다.

③ 다음 회계년도의 최초 날짜로 이월시산표의 합계액을 차변, 대변에 각각 기입한다.

🔲 결산 보고서 작성 절차 이해

✎ 2단계: 결산 본 절차

총계정원장 마감 순서가 중요하다.

① 수익 & 비용: 손익 마감

② 손익의 당기순손의 값: "자본금"에 대체

③ 자산, 부채, 자본: "차기이월" 마감 한다.

④ 이월시산표(자, 부, 자) 작성한다.

🔲 결산보고서 작성

① 재무상태표(자산, 부채, 자본)

② 손익계산서(비용, 수익)

두가지 구하면 기업이 1년 동안 수익의(+/-)를 알 수 있다.

순손익 계산방법을 구하는 두 가지 방법이 있다.

① 재산법 ② 손익법

재무상태표 & 손익계산서=반드시 당기 순손익이 일치해야 한다.

✎ 3단계: 결산 보고서 작성 절차

대표적인 보고서 2가지가 있다.

① 재무상태표 작성

② 손익계산서 작성

✏️ 당기 순손익 계산 방법 (결과 값은 똑같다)

① 재산법: 기말자본 - 기초자본

② 손익법: 총수익 - 총비용

보고서의 당기순손익 값은 반드시 일치 한다.

재무상태표 당기순손익 값 = 손익계산서 당기순손익 값

🖩 결산의 3단계 절차

✏️ 결산 예비 절차 (1단계: 준비한다)

① 시산표 작성: 합계/잔액/합계잔액

② 결산 정리사항 분개(재고조사표)

③ 정산표 작성

✏️ 결산 본절차 (2단계: 본격적 작업 한다)

① 총계정원장 마감(순서: 수. 바자. 부. 자)

② 분개장 및 보조부 마감 한다.

✏️ 결산 보고서 작성절차 (3단계: 마지막 정리 작성 한다)

① 재무상태표(자산, 부채, 자본) 작성 한다.

② 손익계산서(비용, 수익) 작성 한다.

단원 요점정리

1. 기업경영과 회계

- 회계의 뜻: 이해관계자에게 정보를 제공하고, 자산, 부채, 자본의 증감변화를 기록, 계산, 정리하는 것
- 회계의 목적: 주목적과 부목적으로 구분한다.
- 회계의 종류: 기록 계산의 방법에 따라 단식회계와 복식회계, 이용자의 목적에 따라 영리회계, 비영리회계가 있다.
- 회계 단위: 경영거래를 기록 계산하는 장소적 단위를 말한다.
- 회계 연도: 경영 성적을 계산하는 기간적 범위를 말한다.

2. 기업의 재무 상태

- 자산: 화폐로 가치를 환산할 수 있는 재화와 권리를 말한다.
- 부채: 법률상 일정한 기일에 채권자에게 지급하여야 할 채무(빚)를 말한다.
- 자본: 자산 총액에서 부채 총액을 뺀 순재산액을 말한다.
- 대차 대조표: 일정 시점에 있어서의 기업의 재무 상태를 표시하는 일람표를 말한다.

3. 기업의 손익계산서

- 손익계산: 재산법(기말 자본금-기초자본금), 손익법(수익 합계액-비용 합계액)
- 손익 계산서: 일정한 회계 기간에 있어서 기업의 경영 성적을 표시한 일람표

4. 거래

- 회계상의 거래: 기업에서 발생하는 자산, 부채, 자본의 증감변화를 일으키

는 모든 사항을 말한다.

  🖉 거래의 8요소: 자산(증가, 감소)의 부채(감소, 증가)의 자본(감소, 증가)의 자본

  (증가, 감소)의 비용의 발생 , 수익의 발생

  🖉 거래의 종류: 교환 거래, 손익거래, 혼합거래

5. 계정

  🖉 계정: 거래의 기록을 위해서 설정되는 기록, 계산의 단위를 말한다.

  🖉 계정의 분류: 자산, 부채, 자본, 비용, 수익 계정을 말한다.

  🖉 대차평균의 원리: 모든 거래의 차변과 대변 금액은 일치해야 한다.

6. 분개장과 원장

  🖉 분개: 거래 발생시 어떤 계정의 어느 변(차변 또는 대변)에 기입할 것인가를 분

  해 하는 것

  🖉 전기: 분개를 계정에 옮겨 기입하는 것

7. 시산표와 정산표

  🖉 시산표: 결산 준비단계, 전기의 정확 여부를 검토하기 위한 계정 집계표

  🖉 정산표: 결산 절차를 한 표에 종합하여 작성하는 표

8. 결산

  🖉 결산의 의의: 기업의 재무 상태와 경영 기간 중의 손익을 산출하는 절차를

  말한다.

  🖉 결산 절차: 예비절차, 본절차, 재무 제표 작성

호텔계정과목별 회계처리

현금 · 예금의 기장

제1절　현금계정 이해

1. 현금의 수입과 지출

　　회계에서 현금으로 취급되는 것은 지폐나 경화 등의 통화뿐만 아니라 언제든지 통화와 교환할 수 있는 통화대용증권을 포함한다.

　　통화 대용 증권에는 타인 발행 수표, 송금 수표, 우편환 증서, 대체저금 환급 증서, 자기앞 수표, 공사채의 만기 이자표, 배당금 영수증, 국고 지급통지서 등이며 이들은 현금 계정에서 처리 한다.

2. 현금계정

현금의 수입지출은 현금계정으로 처리한다. 즉, 현금의 수입은 현금계정의 차변에 현금의 지출은 현금계정의 대변에 각각 기입한다.

✎ 현금출납장: 현금의 수익과 지출의 명세를 기입하고 그 잔액을 계산 기록하는 보조기입장에 기입한다.

3. 현금과 부족 계정

현금의 현재액이 장부잔액과 일치하지 않을 경우 그 원인이 쉽게 판명되지 않을 경우에는 그 불일치액을 현금과부족계정으로 처리하고 현금의 장부잔액을 실제보유액에 일치시켜 둔다.

1) 실제액이 과잉한 경우

차) 현금 +++   대) 현금과부족 +++

2) 실제액이 부족인 경우

차) 현금과부족 +++   대) 현 금 +++

3) 현금과부족의 정리

뒷날 과부족의 원인이 판명되면 그 금액을 현금 과부족계정에서 해당하는 계정에 대체한다.

∅ 과잉분은 수입이자의 기입누락

　　차) 현금과부족 +++　　대) 수입이자 +++

　∅ 부족분은 여비의 기입누락

　　차) 여 비 +++　　대) 현금과부족 +++

＠ 결산에 이르러서도 판명이 되지 않을 경우는 잡이익 또는 잡손실계정으로 대체한다.

현금출납장

월일	적 요	수입 (+)	지 출 (−)	잔 액
4월 1일	전월이월	200,000		200,000
4월 3일	상품 매입대금 지출		100,000	100,000
4월 18일	상품매출 대금 수입	350,000		450,000
4월 27일	종업원금여 지급		200,000	250,000
4월 30일	차월이월		250,000	(현재잔액)
5월 1일	전월이월	250,000		250,000

* 4월 27일 잔액 250,000원은 차월이월이 되고, 5월 달에 전월이월이 된다.

자산증가	현 금	자산감소
통화·통화 대용 증권의 수입액 ₩ 10,000	동화의 지급액, 통화대용증권의 인도액 ₩ 6,000	
	현금의 현재액 ₩ 4,000	

현금성 자산 계정

　∅ 현금. 당현금성 자산: 3개월 이내 현금화할 수 있어야 한다.

　∅ 좌예금, 현금성 자산은 모두 통합하여 작성한다. = 재무상태표에서 현금 및 현금성 자산이라고 작성한다.

◈ 요구불예금: 즉시 요구하면 즉시 지불한다.

　　　　　　[예] 당좌예금과 보통예금이 있다.

◈ 소액현금제도: 사무실 경비 사용시 잔금 사용 편의 위해 = 용도계 작성하는 표를 말한다. 일정한 금액을 미리내 주고 차후 보고받는다.

4. 당좌 예금의 예입과 인출

1) 당좌 예금 계정

거래은행과 당좌 거래에 관한 계약을 맺은 경우, 예금주가 당좌 예금을 하여 두면 수표를 발행하여 언제든지 찾아 쓸 수 있는 예금이며, 이 당좌 예금의 예입과 인출 기입하는 계정이 당좌 예금계정이다.

방법) 은행에 통화 및 통화대용 증권을 예입하였을 때 당좌 예금 계정 차변에 기입하고, 수표를 발행하여 예금을 찾을 때에는 당좌 예금 계정 대변에 기입한다.

따라서 당좌 예금 계정은 자산 계정으로서 잔액은 항상 차변에 생기어 당좌 예금의 현재액을 표시한다.

(자산증가)	당좌예금	(자산감소)
예입액) 현금 예입 현금 대용 증권 예입 대체 입금 자기 발행 수표의 수입 ₩ 10,000	인출액) 수표의 발행 ₩ 5,000	
	당좌 예금 잔액 ₩ 5,000	

2) 당좌 차월 계정

은행과 당좌 거래를 하고 있는 사람이 미리 당좌 차월 계약을 맺어 두면, 당좌 예금 잔액을 초과하여서 수표를 발행하여도 약정한 한도액까지는 인출할 수 있다.

당좌 차월을 맺는 경우에는 당좌 차월 계약서를 작성하고, 당좌 차월 근저당 차입증과 같이 유가 증권 또는 동산, 부동산을 담보로 은행에 차입하여야 하며 당좌 차월을 하였을 때에는 당좌 차월 계정 대변에 기입하고, 상환하였을 때에는 당좌 차월 계정 차변에 기입한다.

당좌차월

부채의 감소	부채의 증가
상환액 ₩4,000	수표초과 발행액(차월액)
차월잔액 ₩3,000	₩7,000

당좌예금 거래, 분개

당좌예금 출납장

날 짜	적 요	매 입	인 출	차 대	잔 액
4월 1일	전월이월	50,000		차	50,000
4월 4일	상품매출대금	70,000		차	120,000
4월 12일	상품매입대금		200,000	대	80,000
4월 23일	현금매입	200,000		차	120,000

* 차) 당좌예금에서 인출되고(자기자본),
* 대) 당좌차월에서 인출된다(은행부채). 그리고 차변과 대변을 뜻한다.

분개) 4/4 참) 당좌예금 70,000 // 대) 상품 70,000

4/12 차) 상품 200,000 // 대) 당좌예금 120,000

당좌차월 80,000

4/23 차) 당좌차월 80,000 // 대) 현 금 200,000

당좌예금 120,000

□ 자산의 분류(1년 기준)

① 유동자산-당좌자산/재고자산

② 비유동자산

자산을 분류 한다.

투자자산 / 유형자산 / 무형자산 / 기타 비유동자산 등으로 볼 수있다.

·단좌자산: 판매과정 없이 현금화가 쉽게 되는 자산이다.

·재고자산: 반드시 판매과정을 통해 현금화가 되는 자산이다.

5. 소액 현금 계정

기업에 있어서는 화재, 도난, 부정방지 등에 대비하기 위하여 현금을 은행에 당좌 예금하여 두고, 지급을 하는 경우에는 수표를 발행하여 충당한다. 그리고 사소한 지급은 즉 교통비, 통신비, 소모품비, 잡비와 같은 소액의 현금까지도 수표를 발행한다는 것은 사무상 번잡하므로 이러한 일상적인 경비 지급은 용도계 또는 소액 현금계에 전도하여 지급케 하는 것이 능률상 편리한 제도다. 이제도를 소액 현금제도라 하며, 이때 용도계에 전도한 자금을 소액 현금이라 한다.

🔑 소액현금

소액자금의 전도액 ₩ 5,000 소액자금의 보급액	제경비의 지급액 지급보고액 ₩2,500
	소액현금의 잔액 ₩2,500

예 3/1 5,000의 수표를 용도계에 전도하다.

차) 소액현금: 5,000   대) 당좌예금: 5,000

6. 현금 및 현금성자산 계정과목

① 현금 ② 보통예금 ③ 당좌예금 ④ 현금성 자산

재무상태표에 표시할 때 4가지를 합산해서 현금 및 현금성자산으로 표시한다.

그리고 보통예금과 당좌예금은 만기가 없고, 요구불(급)예금이라 한다.

✎ 현금: 통화, 통화대용증권

① 통화: 한국은행 발행 동전, 지폐(우리가 사용하는 돈을 말한다)

② 통화대용증권: 돈과 똑같이 대우하는 것들을 말한다.

③ 현금과부족 계정: 임시계정을 말하며, 결산시 사라져야 한다.

▦ 현금 및 현금성 자산(B/S표시 통합계정)

✎ 요구불예금: 바로바로 입·출금이 가능한 예금을 말한다.

① 당좌예금: 당좌수표 발행 - 현금 인출 예금을 말한다.

② 당좌차월: 당좌예금 부족시 (-) 대출, 즉 부채을 말한다. -B/S: 단기차입금으로 표시 한다.

③ 보통예금: 보통의 입·출금 통장을 말한다.

✎ 현금성자산: 만기 3개월 이내인 유가증권&예금을 말한다.

남아프리카공화국

1. 유가증권

회계에서 유가증권이라 함은 보통의 유가증권에서 통화 대용증권을 현금으로 취급 한다.

화물대표 증권을 제외한 것으로서, 유휴자금의 활용 등을 목적으로 시장성 있는 일시적 소유의 유가증권을 말한다.

회계상 유가 증권 주권, 사채권, 국채 증서, 지방채 증서, 산업 금융 채권, 농업 금융 채권, 주택 금융 채권, 투자 신탁 증권, 개발 신탁 증권, 대부 신탁 증권 등이다.

💬 유가증권

매입원가	처분(매입원가)
(매입가액 + 매입부대비용)	현재액(매입원가)

유가증권의 매입 매입원가에는 매입대금 외에 매입 수수료 등의 매입 부대비용을 포함한다.

예 실제 매출가액 매입원가보다 클 경우

차) 당좌예금 +++   //   대) 유가증권(매입원가) +++
　　　　　　　　　　　　　　　　　유가증권처분이익 +++

예 실제 매출가액이 매입원가보다 작은 경우

차) 당좌예금 +++   //   대) 유가증권(매입원가) +++
유가증권처분손실 +++

예 주) 동국은 단기매매차익을 획득할 목적으로 (주)동방이 발행한 주식 100주 (@20,000)를 매입하면서 수수료(6,000)와 함께 수표를 발행하여 지급하였다.

(해설) 차) 단기매매증권 ₩2,000,000   // 대) 당좌예금 ₩2,006,000

　　　　지급수수료　　　₩6,000

2. 유가증권의 종류

1) 증권

그 종이에 화폐단위와 경제적인 돈의 가치가 표시되어 있다.

① 금전증권: 어음, 수표 등을 말한다.
② 상품증권: 화물상환증, 선화증권, 창고증권 등을 말한다.
③ 자본증권: 지분증권의 주식과 채무증권의 채권인 사채와 국채를 말하며, 회
　계상에서 유가증권이라 한다.

2) 단기매매증권(단기매매금융자산)

일반기업회계에서는 단기매매증권이라고 하고, 국제 회계기준에 따라 단기매
매금융자산이라고 말한다.

예 공공주식을 20주(1주 액면 5,000)를 @6,000으로 매입하고 수수료 10,000과 함께 대
　금은 수표 지급하다. 그럼 취득시와 판매시 분개하며,
　(구입한 가격으로 분개한다)
　(취득시) 20주 ＊ @6,000 = 120,000 (취득원가)
　　　　(액면@5,000) 참고한다
　　　차) 단기매매증권 120,000   //   대) 당좌예금 130,000
　　　　수수료 비용　　 10,000

(처분시)

　① 취득원가(장부금액) 10주 ＊　6,000 ＝ ₩60,000

　② 처분금액(매가)　　10주 ＊ @8,000 ＝ ₩80,000

　　　　　　　　　　　　　　- 수수료 ₩8,000
　　　　　　　　　　　　　　──────────

(이익, 손실 계산된다.)　　　　　₩72,000(처분금액)

차) 현금 ₩72,000　　//　　대) 단기매매증권 ₩60,000

　　　　　　　　　　　　　　단기투자자산처분이익 ₩12,000

제3절　어음 거래에 관한 기장

1. 어음의 정의

지급인(채무자)이 일정한 금액을 특정한 일자(만기일)에 지급하겠다는 내용을 기재한 일정한 형식을 갖춘 증권을 어음(notes)이라고 한다.

어음에는 발행인이 일정기일에 일정금액을 지시인에게 지급하기로 약속한 약속어음과 발행인이 지시인으로 하여금 일정기일에 일정금액을 수취인에게 지급해주도록 위탁하는 환어음이 있다. 따라서 어음의 종류는 약속어음과 환어음이 있다.

환어음(換一)은 지명인으로 하여금 만기에 일정 금액을 수취인에게 지급하도록 위탁하는 증권을 말한다. 환어음은 즉, 어음 발행인이 지급인(제3자)에게 일정한 금액(어음금액)을 일정일(만기일)에 어음상의 권리자(수취인, 피배서인)에게 지급할 것을 위탁하는 유가증권이다. 예를 들어 甲이 乙로부터 물품을 구입하고 丙을 지급인,

乙을 수취인으로 하는 환어음을 발행하여 乙에게 교부한 경우에 각 당사자는 번거로움을 피하고 동시에 결제를 끝낼 수 있다. 이처럼 발행인·지급인이 각각 다른 사람이어야 한다는 것이 환어음의 원칙이다. 그러나 어음법을 보면 환어음에 있어서 자기앞어음 또는 자기지시어음을 발행할 수 있도록 규정하고 있다. 이는 환어음의 장소적 간격을 극복하는 작용을 발휘하게 한다. 약속어음(約束—)은 발행인이 수취인에 대해 일정기간 후에 일정금액을 지급할 것을 약속하는 어음이다. 환어음이 3자간의 계약인 반면, 약속어음은 2인의 계약으로 이루어진다.

약속어음은 발행인(어음의 작성인)이 일정한 금액을 일정한 장소에서 지명인(수취인)에게 무조건 지급할 것을 약속하는 증서이다.

> (어음채권자) → 상품 → (어음채무자)
> 수취인 ← 약속어음 ← 발행인, 지급인
> (약속어음의 채권, 채무관계)

2. 어음종류

법률상의 종류에는 약속어음과 환어음의 두가지가 있다. 어음은 약속어음과 환어음이 있다. 지급을 약속하는 증권을 "약속어음", 제 3자에게 지급을 위탁하는 증권을 "환어음"이라고 한다. 그런데 우리나라의 어음법이 환어음을 기본으로 한다.

1) 약속어음

어음 발행인이 수취인에 대하여 일정한 기일과 장소에서 그 어음에 기재된 금액을 지급할 것을 약속 증권을 말한다. 약속어음이란 어음법이 규정하고 있는 일정요건을 갖춘 지급을 약속하는 증권을 말한다. 이러한 약속어음은 무인행위로 일단 어음이 발행이 되면 특별한 일이 없는한 지급하여야 하며 이를 무조건 지급의 원칙이라 한다.

약속어음은 보통 양도할 수 있으며, 담보에 의해 보증되기도 한다. 약속어음은 이미 르네상스 시기에 유럽에서 사용되었다. 20세기 들어 그 형식이나 사용에 있어서 모두 커다란 변화가 있었다. 즉 지급 불이행의 사태가 발생할 때 담보물을 처분할 수 있게 하거나 지급 기일을 연장하거나 또는 지불을 재촉할 수 있게 하는 조항들이 덧붙여졌다.

2명이 발행인(채무자)과 수취인(채권자)이 있다.

차) 받을어음 ++++   //   대) 지급어음 ++++

2) 환어음

어음발행인이 어음 지급인(3자)에게 대하여 수취인에게 일정한 기일과 장소에서 그 어음에 기재된 금액을 지급할 것을 의뢰한 증권을 말한다. 환어음은 발행인이 제 3자를 지급인으로하여 발행하는 어음이다. 어음금액의 지급의무는 발행인에게 있는 것이 아니라 제3자가 부담한다. 이때 제3자가 어음대금의 지급을 승락하여야 하는데, 이 어음대금의 승락한다는 의미의 용어가 "인수" 라는 용어를 사용한다.

환어음은 국제무역에서 결제를 용이하게 하기 위한 수단으로 개발되었다. 8세기 초에 아랍 상인들이 이와 유사한 금융증서를 사용한 적이 있으며, 현재와 같은 형태의 환어음은 13세기에 이르러 당시 대외무역의 중심지였던 이탈리아 북부의 롬바르디아에서 널리 사용되기 시작했다.

환어음은 금전지급위탁증권인 점에서 지급약속증권인 약속어음과 다르다. 환어음의 지급인은 발행인에 의하여 지급인으로 지정된 것만으로 어음의 지급의무를 부담하며 주된 채무자가 된다.

회계상의 종류에는 받을 어음과 지급 어음이 있다.
3명이 발행인(채무자), 수취인(채권자), 지급인(인수인)이 있다.

3. 어음계정

어음에는 발행인이 일정기일에 일정금액을 지시인에게 지급하기로 약속한 약속어음과 발행인이 지시인으로 하여금 일정기일에 일정금액을 수취인에게 지급해주도록 위탁하는 환어음이 있다. 그러나 회계에서는 이러한 어음 자체의 성격과는 관계없이, 기업의 어음채권, 어음채무의 관점에서 모든 어음을 받을어음과 지급어음으로 나눈다.

1) 받을어음 계정

상품매출에 따르는 어음채권의 발생, 소멸은 받을어음 계정으로 처리한다. 즉 약속어음이나 환어음의 수취 등에 의하여 어음채권이 발생하면 받을 어음계정의 차변에, 어음대금의 수취 등으로 어음채권이 소멸하면 그 대변에 각각 기입한다. 받을어음 계정은 자산의 계정으로 잔액은 차변에 생기어 어음채권의 미회수액을 나타낸다.

2) 지급어음 계정

상품매입에 따르는 어음채무의 발생, 소멸은 지급어음 계정으로 처리 한다. 즉 약속어음의 발행이나 환어음의 인수에 의하여 어음채무가 발생하였을 때에는 지급어음계정의 대변에 어음대금의 지급 등에 의하여 어음채무가 소멸하였을 경우에는 그 차변에 각각 기입한다. 지급어음계정은 부채의 계정으로서 잔액은 대변에 생기어 어음채무의 미지급액을 나타낸다.

4. 어음 거래의 기장

1) 어음의 배서양도

어음을 배서양도 하였을 경우에는 받을어음계정의 대변에 배서양수 하였을 경우에는 그 차변에 기입한다.

2) 어음의 할인

어음을 할인한 경우에는 그 액면금액을 받을어음계정의 대변에 기입하고 할인료는 따로 할인료 계정의 차변에 기입한다.

3) 어음의 개서

어음의 당사자간의 협의에 의하여 새로운 어음으로 갱신할 수 있는데, 이것을 어음의 개서라고 한다.

(1) 받을 어음을 개서한 경우

차) 받을어음 +++   대) 받을어음 +++

(2) 지급어음을 개서한 경우

차) 지급어음 +++   대) 지급어음 +++

4) 어음의 추심

만기일이 도래한 어음의 대금을 은행에 추심의뢰 할 때에는 어음상의 권리는 소멸한 것이 아니므로 어음 계정에는 기입하지 않는다.

그러나 만기일에 은행으로부터 추심 도었다는 통지를 받았을 때에는 어음에 대한 채권이 소멸되므로 받을 어음 계정 대변에 기입하는 동시에 당좌 예금 계정 차변에 기입한다.

차) 당좌예금 +++   대) 받을어음 +++

5. 환어음

환어음은 발행인이 지명인(어음인수인)에게 일정한 기일에 일정금액을 수취인에게 지급하도록 위탁한 증서이다. 환어음의 발행인은 어음상의 채무는 지지 않고 제3자인 지급인이 어음의 인수 절차를 통하여 어음상의 금액을 지급할 의사를 나타냄으로써 어음채무가 성립한다. 즉 법률상 어음발행자는 어음상의 금액지급을 위탁하는 사람이고 어음소지인은 어음상의 수취권자이고 인수인은 지급인이 되는 것이다. 환어음의 변형적인 형태로 자기지시환어음 또는 자기앞환어음을 발행할 수도 있다.

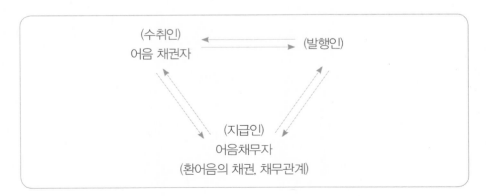

지금까지 언급한 어음의 종류에 따른 채권과 채무관계를 요약하면 다음과 같다.

1) 약속어음

① 발행인: 어음상의 채무자
② 수취인: 어음상의 채권자

2) 환어음

① 발행인: 어음상 채권 및 채무가 없음
② 수취인: 어음상의 채권자
③ 지급인: 어음상의 채무자

3) 자기지시환어음

① 발행인(수치인): 어음상의 채권자
② 지급인: 어음상의 채무자

4) 자기앞환어음

① 발행인(지급인): 어음상의 채무자
② 수취인: 어음상의 채권자

제4절 단기 투자자산

1. 단기투자 자산

단기투자자산은 B/S표시에서 통합계정을 말하며 1년 이내 현금화할 수 있어야
한다.

① 단기대여금: 1년 이내 빌려주어 되돌려 받을 내 돈을 말한다.

　　　　　　　차용증서 수령, 이자수익 발생으로 받는다.

② 단기예금: 만기가 3개월 초과~1년 이내를 말한다.

　　　　　　만기기간에 따라: 현금성자산/단기예금/장기예금으로 분류한다.

③ 단기매매증권: 단기간 여유자금으로 유가증권, 즉 주식, 채권을 사서 소유하
　　는 것을 말한다.

① 취득: 매입 제비용 포함 - 취득단가 @ 재조정(재자산)

② 처분: 장부가액(취득원가) vs 처분가액(실제 받는 돈)의 차액부분을

　　　　- 단기투자자산 처분 손익(영업외 손익)으로 처리 한다.

　　　　매출 채권은 B/S표시에서 통합계정을 말한다. 돈 받을 권리가 생긴다.

　　　　평가시: 결산시 장부가액 vs 공정가액(결산일 시가)의 차액부분을

　　　　- 단기투자자산/평가손익(영업외 손익)으로 처리 한다.

① 외산매출금: 인명계정 vs 통제계정

　　(인명계정: 매출시 차변에 사람이름 또는 상호를 쓴다. 예 순이 100// 매출 100)

　　상품의 외상채권 계정과목 - 거래처 이름으로 분개 한다.

　　(통제계정: 매출시 차변에 외상매출금이라고 쓴다. 예 외상매출금100// 매출100)

　　상품의 외상채권 계정과목 - "외상매출금" 하나로 표시한다(통일해서 분개).

② 받을어음: 일명 각서라고 하며, 우리나라와 일본에만 있는 제도이다. [예] 받을어음100//매출100 나타낸다.

어음장에는 만기날짜가 기록되어 있다(돈 받을 날짜 등을 각서처럼 확인 받은 증서, 즉 어음을 말한다).

1) 단기예금

1년 만기 예금을 말한다.

① 정기예금: 일정한 금액을 넣고, 그때 가서 찾는다.

② 정기적금: 목돈마련을 위해 매달 정한 금액을 넣는다.

이 두 예금을 저축성 예금이라 한다.

① 단기매매증권: 다른 기업에서 발행한 주식이나 사채를 말한다.

② 단기대여금: 다른 기업에 돈을 빌려주는 것

2. CD, CP, RP

1) 양도성예금증서(CD)

예금증서인데 자유롭게 다른 사람에게 양도할 수 있다. 시중 은행에서 발행하는 무기명 할인식 선이자 형태의 양도가 자유로운 증서로, 보통 최저 금액 천만 원 이상, 최소 30일 이상 소유하여야 양도가 가능한 금융상품이다.

2) 기업어음(CP)

신용 등급이 높은 우량 기업이 돈이 없어서, 즉 자금 조달을 위하여 발행하는 융통어음으로, 금융어음을 종합 금융사가 할인 매입하여 다시 고객에게 판매하는 것이다. 거래 기간은 30일에서 270일 이내, 최저금액은 천만원 이상이며 통장 거래로 이루어지고 있다.

3) 환매조건부채권(RP)

증권회사가 일정 기간이 지난 후에 원금에 이자를 가산하여 다시 매수할 것을 조건으로 하여 고객에게 채권을 판매하는 금융상품으로 최저 금액은 천만원 이상이다.

학습요점

▣ 약속어음 VS 환어음

1. 관계자 약속어음(2인 관계: 발행인, 수취인)

  환어음(3인 관계: 발행인, 수취인, 지급인)

2. 각 거래관계자별 입장에서의 회계 처리중요하다.

▣ 어음의 배서(타인에게 어음을 넘기는 행위)

1. 추심위임배서: 만기일에 대금을 받기 위해 은행에게 부탁 배서함. 권리를 넘기는 것이 아니다.

2. 배서양도: 대금지급을 위해 당점이 보관중인 받을어음을 타인에게 넘김. 배서 매각거래 처리시: 권리를 넘긴다.

▣ 어음의 배서(타인에게 어음을 넘기는 행위를 말한다)

3. 어음의 할인: 자금이 긴급히 필요하여 금융기관에 만기일전에 팔아버린다. 배서 매각거래 처리시: 권리를 넘긴다.

▣ 어음의 개서 (신. 구 어음을 맞교환)

만기일이 도래했음에도, 어음채무자(발행일 또는 지급인)가 어음대금 지급사정이 안되는 경우, 만기일을 연장하기 위해, 옛(구)어음을 소멸시키고 새(신)어음을 발행하여 주고 받는다.

학습토론

예제 1) 현금 및 현금성자산 토론 하여라.

① 현금　② 보통예금　③ 당좌예금　④ 현금성자산

예제 2) 단기투자자산 토론 하여라.

① 단기예금　② 단기대여금　③ 단기매매증권

호텔회계원론

외상 매출금계정이해

제1절 매출계정

1. 외상매출금과 외상 매입금

상품 매매업에 있어서 상품의 매입과 매출에서 이루어지는 대금의 결제 방법에는 현금 결제와 신용에 의하여 이루어지는 두 방법이 있다.

신용에 의한 거래는 장래, 일정한 기일에 현금으로 결제하여야 하며 이러한 거래를 외상 거래라 하고, 외상으로 상품을 매입한 경우는 외상매입금계정, 외상으로 판매한 경우는 외상 매출금 계정에서 처리하는 채무와 채권 계정이다. 이들 계정을 인명 계정에 대하여 통제 계정이라 한다.

상품을 매출하고 상품 대금을 나중에 받기로 하면 외상매출금 계정의 차변에 기입하고, 나중에 외상 대금을 받으면 외상매출금 계정의 대변에 기입한다. 외상매출금 계정은 자산 계정으로 잔액은 항상 차변에 발생하고 외상매출금의 미회수액을 나타낸다.

🔖 외상매출금

(+)   (−)

전기이월액	회수액
외상매출액	잔액(미회수액)

2. 인명계정

가계 간판이름, 대표자 이름 등을 인명 계정이라고 한다.

예 사람 이름, 상점 이름

🖩 통제 계정과 보조원장의 관계

🖉 총계정원장

🔖 외상매출금(통제 계정)

전기이월액 30	회수액 50
외상매출액 60	잔액(미회수액) 40

🖉 매출처원장(보조장부)

🔖 ○○ 상점

전기이월 10	회수액 20
외상매출액 20	잔액미회수액 10

전기이월 20	회수액 30
외상매출액 40	잔액미회수액 10

제2절 대손 충당금

1. 대손

외상매출금 받을어음 대여금 등의 채권이 채무자의 파산 등에 의하여 회수불
능으로 되는 것을 대손이라 한다. 즉 기업에 큰 손해를 말한다. 부도, 파산, 대표
자 도주 등을 대손이라 한다. 이와 같이 대손된 채권은 해당 채권액에서 비용으로
처리해야 한다.

대손의 두가지 외상매출금과 받을 어음이 있다.

1) 대손의 회계처리

(1) 대손의 예상

기업의 중요한 채권(받을 권리가 있는 돈)을 받을 시(비상사태를 대비하여 저금통(대손
충단금)을 마련하는 대비책이다).

ㆍ예상시기: 기말 즉 결산시에 한다.
ㆍ계산방법: 보충법으로 한다.
　기말 매출채권 잔액 * 대손예상율(%) 곱한다.

그리고 현재 대손충당금 잔액을 뺀다. 그 잔액이 대손충당금이 된다.

(기말 매출채권 잔액*대손예상율(%)) - 현재 대손충당금 잔액 = 새로운 대손충당금이 된다.

· 대손충당금 성격: 매출채권의 차감적 평가계정이다. 예 매출채권 1,000,000

@(따라다니는 계정)(-) 대손충당금(20,000)

내가 못 받는 금액 ₩20,000이 된다.

(기본분개형식 (차) 대손상각이 +++ // (대) 대손충당금 +++)

(2) 대손의 발생

· 실제 거래처 파산 - 진짜 큰일(채권 회수 불능) 발생하면 다음과 같이 한다.

(기본분개형식: (차) 대손충당금 +++ // (대) 외상매출금 +++)

· 대손처리 채권 회수: 처리했던 대손 금액이 천만다행으로 회수할 때.

(기본분개형식 (차) 현 금 +++ // (대) 대손충당금 +++)

대손의 회계처리가 끝난다.

(3) 미수금 계정

상품 이외 자산 비품, 건물 등을 처분시 대금을 아직 못 받은 상태일 때.

· 채권(자산)계정과목 @ 장부가액 그대로 대변에 옮긴다.

· 자산처분시: (차변)에 간직하고 있던 장부가액 그대로 (대변)에 내보내야(감소)한다.

참고) 채권: 받을 권리가 있는 돈이다.

· 매출채권: 외상매출금, 받을 어음 = 상품매출

· 기타채권: 빌려준 대여금, 상품 이외 처분 = 미수금

✎ 채권종류: 국채(국가), 공채(지방공기업), 사채(주식회사)

· 총 외상매출금 2,000,000원에 대해 10%의 대손을 예상한다.

위 거래를 아래의 경우에 따라 분개해 보면 다음과 같다.

대손충당금 잔액	분개
없음	(차) 대손상각비 200,000 / (대) 대손충당금 200,000
100,000	(차) 대손상각비 100,000 / (대) 대손충당금 100,000
200,000	분개 없음.
300,000	(차) 대손충당금 100,000 / (대) 대손충당금환입 100,000

1) 대손 충당금 전입액

기업은 회계 기말에 모든 채권액을 검토하여 장차 회수할 가능성이 희박하다고 인정되는 채권을 대손 예상액으로 하여 비용 계정인 대손 충당금 전입액 계정으로 처리하고 계상된 채권은 지금 대손이 실현된 것이 아니므로 외상 매출금이나 받을어음 등이 계정에서 직접 차감하지 않고, 평가 계정인 대손 충당금 계정을 세워 대변에 기입한다.

2) 대손상각처리방법

대손이 발생한 경우에는 그 금액을 해당 채권계정의 대변에 기입하여 공제하는 한편 비용의 계정인 대손상각계정에 차변에 계상하여 손실로 처리한다.

차) 대손상각 +++   //   대) 대손충당금 +++

결산에 있어서 외상매출금 등의 채권에 대한 대손예상액을 대손 상각계정의 차변에 계상하여 당기의 비용으로 처리하게 된다. 이 경우 실제로 대손이 일어난 것이 아니어서 외상매출금 등의 채권에서 직접 공제할 수는 없으므로 따로 대손충당금계정을 설정하여 그 대변에 기입해 둔다.

차) 대손상각 +++   //   대) 대손충당금 +++

대손충당금이 설정되어 있는 외상매출금 등의 채권(전기 이월채권에 한함)에 대해서 실제로 대손이 발생한 경우에는 대손 충당금을 해당채권 계정에 대처하여 처리한다.

차) 대손충당금 +++   //   대) 외상매출금 +++

3) 고정자산의 감가상각

고정자산의 사용 시간의 경과 등에 따라, 고정자산의 가치가 점차로 감소되어가는 것을 감가라 하며, 결산일에 회계기간 중의 감가를 추산하여 고정자산의 장부가액을 직접 또는 간접으로 공제하는 절차를 감가상각이라 한다, 이때 고정자산의 장부 가액에서 공제한 감가추상액은 당기의 비용으로 계상되는데, 이것을 감가상각비라 하며 감가상각비계정으로 처리한다.

감가상각액 = 장부가액 * 정율(2~3%)

2. 기타 채권

1) 선급금

상품매입 주문계약금 미리 지급한다. 먼저 지급한 돈 이다.

예 빵 주문 ₩10,000을 계약금 ₩1,000 지급시

차) 선급금 ₩1,000   //   현금   ₩1,000

상품 ₩10,000   //   선급금 ₩1,000

현금   ₩9,000

2) 가지급금

직원 출장여비 개산시(어림잡아 여비 지급시) 지급한다. 즉 가짜로 지급한 돈. 아직 회사 돈이라고 할 수 있다. 즉, 출장시 직원에게 미리 어느 정도 지급하는 교통여비를 말한다.

> 예 차) 가지급금 ₩10,000   //   현금   ₩10,000
>   실제 사용한 과목 작성   //   가지급금 ₩10,000
>   (여비 교통비)

(1) 가지급금 계정

미리 출장 가는 지원에게 출장여비를 개산하여 지급시 (어림잡아 지급시), ₩ 100,000 지급한다.

구 분		차 변	대 변
출장 여비를 개산하여 지급 시		가지급금 100,000	현 금 100,000
출장 후 여비 사용정산 시	여비 교통비 > 가지급금	여비교통비 120,000	가지급금 100,000 현 금 20,000
	여비 교통비 < 가지급금	여비교통비 80,000 현 금 20,000	가지급금 100,000

미결산: 진행 중인 미해결 사건 임시 처리를 말한다.

즉, 실사가 나오면 결과 후 지급하기로 할 경우, 미해결사건, 보험사건(화재, 도난 등, 외상매출금사건, 공금사건 등 미해결 시)

정확한 결산을 할 수 없는 것을 말한다.

차) 미결산 +++ // 대) 건물, 외·출, 현금(사건과목작성) +++

차) 사건과목작성 +++// 대) 미결산 +++

* 미결산은 임시계정이라는 사실. 임시계정(현금과부족, 가지급금, 미결산) 등을 잠시 차변계정에서 문제가 해결이 되면 대변으로 자리이동 한다.

1. 상품계정의 의의

상품의 매매 거래는 회계의 대상인 상품매매업의 중심적인 거래로서 발생빈도와 규모가 클뿐만 아니라 내용도 복잡하므로 그 기장에 특별한 배려가 필요하다. 상품계정은 매입액 매출액 이월액 등을 함께 기입하는 방법이다.

예 상품 목적에 따라서

· 상품: 현대쏘나타 대리점 전시판매이며 = 판매목적

· 차량운반구: 삼성전자에서 쏘나타는 영업을 하기 위한 목적으로 사용 = 영업용

· 집에 라면은 먹을 목적 = 소모품

1) 상품

① 단일상품: 계정과목 상품으로 표시

② 분할상품: 성질에 따라서 나눔(이월상품, 매입, 매출)

2) 단일상품계정

① 순수계정: 분기법 : 상품 고유성질을 유지한다.

예 매입시: (차) 상품원가 / (대) +++

매출시: (차) ++++ / (대) 상품원가 100

상품매출이익 50(원금과 이익 따로 작성한다)

② 혼합계정: 총기법 : 다양하게 혼합됨(Mix)

> 예 매입시: (차) 상품원가 100 / (대)+++
>
> 매출시: (차) +++ / (대)상품(원가+이익) 150(원가에 이익금 포함
>
> 처리 한다)

분할 상품계정으로 나누자. 3분법으로 생각하자.

① 이월상품 계정(자산): 판매 안되고 남은 재고액을 말한다.

② 매입 계정(비용): 상품을 사들여올 때 쓰여진 돈을 말한다.

③ 매출 계정(수익): 상품을 판매(이익 포함)해서 벌어들인 돈을 말한다.

🖩 운반비 처리

① 매입시: 매입원가에 포함한다. 예 매입원가 10,500

② 매출시: 별도로 운반비 비용 계정처리 한다. 예 매입원가: 10,000

> 운반비: 500

✏ 매입의 차감 요소 3가지: 매입환출, 매입에누리, 매입할인이 있다.

✏ 매출의 차감 요소 3가지: 매출환입, 매출에누리, 매출할인이 있다.

🖩 상품회계처리

- 판매가능액 = 기초상품재고액 + 당기순매입액

    예 2,000 + 8,000 = 10,000 판매가능액이 된다.

- 상품매출이익 + (당기) 순매출액 - 매출원가

    예 28,000 - 15,000 = 13,000(매출이익이 된다)

매출원가, 순매입액, 순매출액 산출 등식의 값을 어떻게 구하는지 꼭 알아두길
바란다.

2. 분기법

상품을 매출했을 때 매입원가에 의한 매출액을 상품계정의 대변에 기입하고 실제판매가액에 의한 차액은 따로 상품매출이 계정의 대변에 기입하는 방법을 분기법이라고 한다. 이 경우 상품계정은 자신의 계정으로서 잔액 차변에 생기어 매입원가에 의한 상품의 현제가액을 표시한다.

✎ 매입시: 차) 상품 ₩100 //

✎ 매출시: // 대) 상품 ₩100(원가)

상품매출이익 ₩50(이익)

  * 이렇게 나누어 기록하는 것을 분기법이라고 한다.

▦ 운반비 처리

매입시 운반비는 원가에 포함한다.

상품 ₩10,000매, 운반비 ₩500

✎ 매입시: 10,000 + 500 = ₩10,500

(원가) + (운반비)

차) 상품 10,500 //

✎ 매출시: 매출시 운반비는 따로 비용처리 한다. 예 운반비 ₩600

즉, 별도로 운반비 비용 계정 처리

차) 현 금 20,000   // 대) 상품 10,500

상매출이익 9,500

차) 운반비 600   //   현금 600

3. 총기법

상품을 매출했을 때 실제 판매가액에 의한 매출액을 상품 계정의 대변에 기입하는 방법을 총기법이라고 한다. 이 경우 상품계정은 자산의 계정과 수익의 계정의 성격이 혼합되어 있게 되므로 잔액은 대차 어느 쪽에도 생길 수 있고 별도의 분석계산이 필요하게 된다.

1) 분할상품계정

① 이월상품 계정(자산): 판매 안되고 남은 재고액
② 매입 계정(비용): 상품을 사들여올 때 쓰여진 돈
③ 매출 계정(수익): 상품을 판매(이익 포함)해서 벌어들인 돈

4. 3분법

분기법 적용이 곤란한 경우에는 상품계정의 내용이 불분명해지는 총기법을 적용하는 대신에 상품계정의 내용을 적당히 분류하여 몇 개의 손수한 계정에 나누어 기입하는 방법이 널리 이용된다.

그 중 대표적인 것은 상품계정의 내용을 매입액, 매출액, 이월액으로 분류하여 각각 매입계정 매출계정 이월상품계정에 기입하는 3분법이다.

매입계정은 비용의 계정으로서 잔액은 차변에 생기어 손매입액을 표시하며, 매출계정수익의 계정으로서 잔액은 대변에 생기어 순매출액을 표시하여, 이월상품은 자산의 계정으로서 잔액은 차변에 생기어 상품의 기초재고액(전기이월액)을 표시한다.

매입		매출		이월상품	
총매입액 (매입대금, 부대비용)	매입환출 에누리액	매출환입 에누리액	총매출액	전기이월액 (기초재고액)	
	순매입액	순매출액			

1) 3분법의 회계처리

결산일에 이르러 상품의 기말재고액을 조사 결정하고 상품매출손익을 계산한다. 3분법에서 상품매출손익을 구하는 방법이다. 이익 또는 손해를 구한다.

① 총액법: 계산하는 방식의 이해가 중요하다.

② 순액법: 참고하라.

🧮 상품운임처리

① 매입시 운임 처리(당사부담 vs 거래처 부담)

② 매출시 운임 처리(당사부담 vs 거래처 부담)

운임 보통은 당사가 부담한다.

🧮 결산 때

상품감모손실 & 평가손실(결산시에 한다.)

① 감모손실: 상품이 없어질 경우에.

정상적인 발생(원가성 0)

비정상적인 발생(원가성*)

② 평가손실: 결산시 시가로 평가 한다.

① 이월상품계정의 상품기초 재고액을 (전기이월액) 매입계정에 대체한다.

차) 매 입 +++   //   대) 이월상품 +++

② 상품의 기말재고액(차기이월액)을 매입계정의 대변과 이월상품계정의 차변에 각각 기입한다.

③ 매출계정의 잔액을 (순매출액) 손익계정에 대체한다.

　　차) 매 출 +++　　// 　대) 손 익 +++

④ 매입계정의 잔액(매출원가 = 순매입액 + 기초재고액 − 기말재고액)을 손익계정에 대체한다.

　　차) 손 익 +++　　// 　대) 매 입 +++

▦ 상품 관련 장부

· 상품재고장(보조원장): 원가로 작성한다.
· 인도(매출)단가 결정방법: 4가지가 있다.
　① 선입선출법
　② 후입선출법
　③ 이동평균법
　④ 총평균법
　@ 물가 상승시 선입선출법 vs 후입선출법

제4절　유형자산의 감가상각

1. 감가상각

감가상각은 크게 두 가지 부분으로 나눌 수 있다.

① 사용에 따른 가치 하락 부분: 사람 손이 타면 물건이 낡게 마련이다.

② 시간의 경과에 따른 가치 부분: 새로 나온 제품과 과거에 나온 제품가격이 같다고 보는 사람은 없다.

새 제품을 사서 사용하게 되면 흠집도 생기고 충격으로 인해 고장도 나게 된다. 더불어 시간이 지남에 따라 신제품이 등장하고 필연적으로 기존 제품의 가격이 하락하는 현상도 흔히 볼 수 있다.

즉, 감가상각은 "물건의 사용함(사용한다는 것은 시간의 경과가 반드시 필요하죠)에 따른 가치하락부분"이라 요약할 수 있다.

1) 감가

유형자산은 일반적으로 사용하거나 시간 경과 등 여러 가지 원인에 의해 경제적으로 그 가치가 감소하는 현상을 말한다.

2) 감가상각

가치의 감소액을 유형자산의 장부금액에서 감소시키고 재무상태와 손익계산서에 반영하는 회계 절차를 말한다.

3) 감가상각비

가치의 감소액을 당기 비용으로 회계처리 시 사용하는 것을 말한다(계정과목이 된다).

▦ 감가 상각의 3요소

① 취득원가

② 내용연수

③ 잔존가액

결산 때마다 한다.

▦ 감가상각비 계산방법

① 정액법(직선법): $\dfrac{취득원가 - 잔존가액}{내용연수}$ = 1년분 상각액

② 정률법(체감법): (취득원가 - 감가상각 누계액) * 정률

즉 미상각 잔액 * 정률

▦ 감가상각비 기장방법 = 분개

① 직접법: (차) 감가상각비 +++ / (대) 건물 +++

② 간접법: (차) 감가상각비 +++ / (대) (건물) 감가상각누계액 +++

@유형자산의 감가상각 기장은 주로 간접법 사용한다.

2. 유형자산 구분

① 비상각 자산: 토지, 건설중인자산 등은 자산의 감소가 없다.

② 감각상각 자산: 건물, 기계장치, 차량운반구, 비품 등은 가치의 감소가 있다.

3. 감가상각 계산

유형자산의 사용 시간의 경과에 따라, 유형자산의 가치가 점차로 감소 되어가는 것을 감가라 하며 결산일에 회계기간 중의 감가를 추산하여 고정자산의 장부

가액을 직법 또는 간접으로 공제하는 절차를 감가상각이라 한다. 이때 유형자산의 장부 가액에서 공제한 감가추상액은 당기의 비용으로 계상되는데, 이것을 감가상각비 라하며 감가상각비계정으로 처리 한다.

감가상각 3요소는 취득원가, 내용연수(수명), 잔존가치(폐기처분 예상액) 3가지가 있다.

예 자동차를 ₩10,000,000을 주고 구입했다면, 이차의 내용연수 즉 수명은 5년이라고 하고, 잔존가치는 ₩1,000,000이라고 하자.

① 정액법: 취득원가에서 잔존가액을 공제한 금액을 내용연수로 나누어 매가의 감가상각액을 계산하는 방법을 정액법이라 한다(매년동일금액 잔존가치).

$$감가상각액 = \frac{취득원가 - 잔존가치}{내용연수} = 1년분 \ 상각액$$

$$해설) \ \frac{10,000,000 - 1,000,000}{5년} = ₩1,800,000 \ (1년 \ 상각)$$

② 정률법: 다음과 같이 계산된 감가상각률(정율)을 "미상각잔액"의 다른 표현 "장부가액"에 곱하여 매년의 감가상각액을 계산하는 방법을 정율법이라 한다.

$$정률 = 1 - \frac{잔존가액}{취득원가}$$

감가상가액= 장부가액 * 정율(정율%는 주어진다)

예 자동차 ₩10,000,000원 구입시, 정율 0.2%로 정한다면, 정률법 참고.

미상각잔액(장부가액) * 정률(0.2)

· 1차 년도: ₩10,000,000 * 0.2 = 2,000,000

· 2차 년도: ₩ 8,000,000 * 0.2 = 1,600,000 (-3,600,000)

· 3차 년도: ₩ 6,400,000 * 0.2 = 1,280,000 (-4,880,000)

· 4차 년도: ....!

4. 감가상각에 대한 회계처리

감가상각 분개처리 하면, 다음과 같다.

🔢 감가상각 − 분개

① 직접법: 차) 감가상각비 1,800,000 // 대) 차량운반구 1,800,000

　　　　　　 (비용)

② 간접법: 차) 감가상각비 1,800,000 // 대) (계정과목) 감가상각누계액 1,800,000

　　　　　　　　　　　　　　　　　　　 * 해당계정과목이 오며, 건물, 비품, 차량

　　　　　　　　　　　　　　　　　　　　 운반구 등 계정과목을 말한다.

이탈리아 베네치아

▥ 대손의 회계처리 3가지

1. 대손의 예상

기업의 중요한 채권 받을 권리가 있는 돈을 못 받을 비상사태를 대비하여 대손충당금을 마련하는 작업을 말한다(생활의 저축과 같다).

· 예상시기: 기말 결산시 (12월 31일)

계산방법은 보충법을 쓴다. 기말 매출채권 잔액 * 대손예상율 % (2~3%), 현재 대손충당금 잔액

· 대손충당금 성격: 매출채권의 차감적 평가계정

(기본분개형식) 차) 대손상각비 +++// 대) 대손충당금 +++

2. 대손의 발생

실제 거래처 파산 – 진짜 큰일(채권회수 불능)발생시

차) 대손충당금 +++// 대) 외상매출금 +++

3. 대손처리채권회수

처리했던 대손금액이 천만다행으로 회수

차) 현금 +++   // 대) 대손충당금 +++

▥ 미수금

상품 이외자산(비품, 건물) 처분대금을 아직 못 받은 상태를 말한다.

· 채권(자산) 계정과목

자산 처분시 차변에 간직하고 있던 장부가액 그대로 대변에 내보내야 감소한다.

▦ 선급금

상품매입주문시, 상품인수전: 계약금을 미리 지급한다. 이것 나의 자산이다.

실제상품인수—대변에서 감소가 된다.

▦ 가지급금

현금의 지출은 확실히 일어난다. 화재, 도난, 금전피해 시.

그러나 금액이나 계정과목이 확정되지 않는 상태라는 점 주의해야한다.

임시계정 처리한다.

(차): 확정 계정과목이 나타나면— (대)으로 감소 한다.

▦ 미결산

재산 변동의 사건은 진행 중이다. 그러나 금액이나 계정과목이 확정되지 않은 상태

임시계정이다.

(차): 확정 계정과목이 나타나면— (대)으로 감소 한다.

예 당좌 자산 기출 4문제가 예상된다.

　　① 현금 및 현금성자산

　　② 매출채권에 대한 대손 회계 처리

　　③ 단기매매증권의 회계처리

　　④ 현금과부족

예 가지급금, 미결산, 선급금 계정처리과정이 예상된다.

　　① 출장시 회계처리

　　② 미결산시(화재보험 처리, 현금도난, 돈 빌려주고) 등

1. 감가 상각비 대해 설명하시오.

2. 외상매출금 계정에 대해 설명하시오.

3. 대손 충당금 이란?

4. 가지급금 이란?

5. 선급금 이란?

비유동부채(빚), 사채이해

제1절 기업의 사채발행과 계정

1. 비유동부채

비유동부채 상환기간이 1년 이상 장기부채를 말한다. 속하는 계정과목을 다음과 같은 종류가 있다.

사채, 퇴직급여충당부채, 장기 차입금, 장기매입채무, 장기미지급금 등의 종류 중에서 사채의 발행과 퇴직급여충당부채를 생각하도록 한다.

1) 비유동부채의 종류

① 사채

② 장기차입금

③ 장기미지급금

④ 장기매입채무

⑤ 퇴직 급여 충당 부채

⑥ 장기 충당 부채

▦ 자산

🖉 유동자산

① 당좌자산   ② 재고자산

③ 상품자산

🖉 비유동자산

① 투자자산   ② 유형자산

③ 무형자산   ④ 기타자산

2) 비유동 자산

경영활동에 장기간(1년 초과) 사용할 목적 또는 재산 증식목적의 보유자산을 말한다.

(1) 투자자산

① 기업의 여유자금-장기간 투자하여 보유한 자산을 말한다.

② 계정과목: 장기예금, 장기대여금, 투자부동산, 매도가능증권, 만기보유증권

(2) 유형자산

① 영업활동에 사용할 목적 취득: 형체가 있는 자산(물건)을 말한다.
② 계정과목: 토지, 설비자산(건물, 구축물, 기계장치) 건설 중인 자산, 비품, 차량운
　　반구

(3) 무형자산

① 영업활동에 사용할 목적 취득: 형체가 없는 자산(권리)
② 계정과목: 산업재산권(특허권, 실용신안권, 의장권, 상표권) 영업권, 임차권리권, 광
　　업권, 어업권 등

(4) 기타 비유동자산

① 투자, 유형, 무형자산으로 분류하기 어려운 장기성 자산
② 계정과목: 보증금, 장기매출채권, 장기미수금 등

2. 사채의 발행과 구입

　　기업입장에서 사채를 구입하는 경우와 사채를 발행하는 경우는 사채 발행시는
기업에 부채증가를, 사채 구입시 기업의 자산증가로 볼 수 있다.
　　기업에서 필요한 돈을 일반대중들에게 예로 3년 만기 상환으로 1년에 한번씩
이자지급도 하고 각서(사채)로 이행 한다.
　　1좌는 10,000 이상으로 쓴다.
　　순자산 = 자산의 4배까지만 빌릴 수 있다.

▦ 사채발행

① 액면발행: 액면금액 = 발행가액
② 할인발행: 액면금액 > 발행가액
③ 할증발행: 액면금액 < 발행가액

▦ 사채의 종류

① 국채: 국가가 발행하는 것으로 건국국채, 도로국채, 국민투자채권 등이 있다.
② 지방채: 지방자치단체가 발행하는 것으로 지하철 공채, 상수도공채, 도로공채 등이 있다.
③ 특수채: 특별법에 의해 설립된 법인이 발행하는 것으로 전력채권, 토지개발채권, 금융채(통화안정증권, 산업금융채권 등) 등이 있다.
④ 회사채: 주식회사 발행하는 것으로 일반사채(보증사채, 무보증사채, 담보부사채)와 주식관련사채(전환사채, 신주인수권부사채, 교환사채) 등이 있다.

1) 기업이 주체

구입목적에 따라 - 사채구입(자산)
* 단기매매증권(단기 차액)
* 매도가능증권(장기 보유)
* 만기보유증권(만기 보유)
사채 발행(부채) - 사채계정(비유동부채)

2) 사채의 발행 방법(3가지)

사채발행시 부채증가, 즉 돈을 빌린다.

① 액면발행

② 할인발행

③ 할증발행

제2절 자본금의 처리

1. 자본금

개인기업의 자본을 자본금이라고 하며, 그 증감은 자본금 계정으로 처리 한다. 기업주의 원시 출자(개업시의 출자), 추가출자 및 이익의 계정 등에 의하여 자본의 증가하였을 때 그 금액을 자본금 계정의 대변에 기입하고 기업주(또는 그 가족)의 현금, 상품 등의 사용, 기업주 부담의 보험료, 소득세 등의 대신 지급 및 순손실의 계상에 의하여 자본이 감소하였을 때 그 차변에 기입한다. 자본금 계정은 유일한 자본의 계정으로서 잔액은 대변에 생기어 자본금의 현재액을 표시한다.

따라서 자본금은 기업주가 출자한 것과 추가 출자액 및 순손익을 가감한 금액을 자본금이라 한다.

−	자본금	+
인출액, 순손실		원시 출자액
		(추가출자액)
		(순이익)
자본금의 현재액		

(주) 법인기업에서도 자본금 계정을 사용하나 그 성격은 같지 않다.

2. 인출금 계정

개인 기업에 있어서는 기업주가 영업용 재산을 사용으로 소비하는 경우가 있다. 이를 인출금이라 한다.

기업주의 인출이 빈번한 경우에는 이들을 직접 자본금계정으로 처리하지 않고 일단 인출계정의 잔액의 차변에 기입하였다가, 결산 때 일괄하여 자본금 계정에 대체하는 것이 좋다. 인출금 계정은 자본금에 대한 평가계정으로 잔액은 차변에 생기어 인출금의 현재액을 표시한다.

인출금

사용액 (대신지급액)	인출금의 현재액 (자본금에서 공제)

(주) 기업주의 인출금 반납, 순손익 대체 등도 인출금 계정에 기입하는 수도 있다. 이 경우 인출금 계정의 잔액은 대차 어느 쪽에도 생길 수 있다.

▦ 주식회사의 자본구조

① 자본금(법정자본금) = 발행주식수 * 1주당 액면금액(대변에 기록 한다)

② 자본금잉여금: 자본금이 불어난 금액을 말한다.

　　　　　　　주식과 관련(영업 활동과 관계없다)하여 불어난 돈을 말한다.

③ 자본조정: 자본에 +, −할 항목들

④ 기타 포괄 손익 누계액: 손익거래 중 당기분이 아닌 손익 항목을 말한다.

⑤ 이익 잉여금: 손익거래(영업활동)로 불어난 돈을 말한다.

▦ 자본 잉여금의 종류

① 주식 발행 초과금

② 감자 차익

③ 자기 주식 처분 이익

▦ 주식의 발행방법(3가지)

① 액면 발행(=평가 발행)

② 할증 발행(대: 주식발행초과금)

③ 할인 발행(차: 주식할인발행차금)

▦ 주식 & 사채의 차이점 및 공통점

주식 발행비의 처리

① 설립시: 창업비 계정으로 별도 처리

② 설립후: 주식할인발행차금엔(+), 주식발행초과금엔(−)

▦ 증자 및 감자

① 증자: 유상증자 vs 무상증자

② 감자: 유상감자 vs 무상감자

1) 기업

① 개인기업: 자기 자신이 영업개시하면 된다.

② 주식회사: (주) 여러 사람이 모여설립하고, 자본금조달은 주식을 발행 한다
((주)설립-주식 발행).

2) 주식발행 방법(3가지)

주식회사가 자금조달 할 때, 다음과 같은 방법으로 조달한다.

(1) 액면금액: 주식인쇄금액을 말한다.

(2) 발행금액: 주주회사납부금액을 말한다.

학습요점

■ 개인기업의 자본금 계정에 대해 참고 하시오.

자본금

인출액	전기이월액
차기이월액 (기말자본금)	영업개시출자액 *추가출자액 *당기순이익

*당기순이익발생시

자본금

인출액 당기순손실	전기이월액
차기이월액 (기말자본금)	영업개시출자액 *추가출자액

*당기순손실발생시

① 액면금액: 액면금액 = 발행금액(액면금액과 발행금액이 같은 경우)

  예 액면 ₩50,000 = 발행 ₩50,000

② 할증금액: 액면금액 < 발행금액(액면금액보다 발행금액이 많을 경우)

  예 액면 ₩50,000 < 발행 ₩60,000

③ 할인금액: 액면금액 > 발행금액(발행금액이 적을 수도 있다.)

  예 액면 ₩50,000 > 발행 ₩40,000

▥ 주식을 발행시 분개

법정자금 @5,000*10주 = ₩50,000(법정금액)

　　　　　　　// 대) 자본금 +++(액면금액*발행주식수): 법정자본금이라 한다.

① 액면금액: 차) 현금 50,000　　//　　대) 자본금 50,000

② 할증금액: 차) 현금 60,000　　//　　대) 자본금 50,000

　　　　　　　　　　　　　　　　주식발행초과금 10,000

③ 할인금액: 차) 현금 40,000　　//　　대) 자본금 50,000

　　　　　　　　　　　　　　　　주식할인발행차금 10,000

3. 증자와 감자

① 증자 (자본금 증가) = 주식발행으로 자본금 증가 시

  · 실질적 증자 (유상증자) → 순자산 증가

  · 형식적 증자 (무상증자) → 잉여금 → 자본금

　　　　　　　　　　　　　(주식발행 초과금)

② 감자 (자본금 감소) = 주식매입소각

- 실질적 감자(유상감자) = 순자산감소
- 형식적 감자(무상감자) = 순손실

4. 자본조정

자본조정이란 자본을 가산하거나 차감 한다.

주식회사의 자본은 5가지로 구성되어 있다. 일반회계 기준에 따라 참고 하도록 한다.

1) (주) 자본: 5가지 구성

① 자본금(법정자본금): 주식 수에 액면금액을 곱한 것을 말한다.

② 자본잉여금: 법정 자본금 초과를 말한다(주식발행초과, 감자차익, 자기주식처분 이익).

③ 자본조정

④ 기타포괄손익

⑤ 이익잉여금

2) 자본조정

① (−) 차감항목: 주식할인발행차금, 자기주식, 자기주식처분손실, 감자차손 등 이 있다.

② (+) 가산항목: 미교부주식배당금 등이 있고, 현금대신 주식을 배당하는 것을 말한다.

발행방법	발행금액과 액면금액	차변	대변
평가발행(액면발행)	발행금액 = 액면금액	당좌예금 100,000	자본금 100,000
할인 발행	발행금액 < 액면금액	당좌예금 90,000 주식할인발행차금 10,000	자본금 100,000
할증 발행	발행금액 > 액면금액	당좌예금 110,000	자본금 100,000 주식발행초과금 10,000

5. 이익잉여금

주식회사 이익 잉여금은 미처분이익잉여금 임시계정으로 하고, 주주총회 후 배당, 세금 등으로 나눈다.

주식회사는 법적으로 인격을 부여받은 기업이다. 예 (주)@@주식회사(인격체가 된다.)

이익잉여금이란 기업의 당기순이익 중 일부분을 회사내에 유보한 금액이다(장래를 대비해서).

① 법정적립금: 강제적금이라고도 하며, 이익준비금을 남겨야 한다. 예 금전 배당금에 1/10 이상 남겨야 한다.

② 임의적립금: 회사의 임의 적립하며, 적극적 적립금, (사업확장적립금, 감채적립금)자산증식과 부채감소 준비금. 소극적 적립금(퇴직급여적립금, 배당평균적립금, 결손보전적립금) 장래손실대비 등을 말한다.

③ 미처분이익잉여금: 아직 처분하기 전에 이익잉여금을 말하며, 전기 이월 미처분 이익잉여금과 당기순이익을 말한다. 그리고 주주총회 후 처분을 결정한다.

결산시)　　　　　　　　　손 익

비용 4,000,000	
미처분이익잉여금 1,000,000	수익 5,000,000

분개) 차) 손익 1,000,000　/　대) 미처분이익잉여금 1,000,000

제3절　계정과목별 회계처리

1. 재무제표의 의의

특정회계년도의 경영성적과 결산일현재의 재정상태 등을 명백히 하기 위하여는 기중에 기록하여온 각종의 장부를 마감하고 이로부터 손익계산서 대차대조를 작성하게 되는데 이들을 재무제표라 한다.

2. 손익계산서와 재무상태표 작성

1) 손익계산서의 작성

손익계산서는 총계정원장의 손익계정의 내용을 토대로 하여 작성한다. 이때 그 내용을 명백히 하기 위하여 손익계정의 기입 중 매입계정으로부터의 대체액은 매출원가로 매출계정으로부터와 대체액은 매출액으로 이상 총액법을 전제로 자본금계정의 대체액은 당기순이익 또는 당기순손실(붉은 글씨)로 표시한다.

손 익	
매입 +++	매출 +++
(기타비용) ++	(기타수익) ++
자본금 +++	
+++	+++

손익계산서	
매출원가 +++	매출액 +++
(기타비용) ++	(기타수익) ++
당기순이익 +++	
+++	+++

2) 재무상태표 작성

재무상태표는 이월시산표 대륙식 결산법의 경우에는 잔액계정의 내용을 토대로 하여 작성한다. 또 총계정원장의 차기이월액을 모아서 작성할 수도 있다. 이때 그 내용을 명백히 하기 위하여 이월상품은 상품으로 자본금은 자본금(기초)과 당기순이익으로 또는 당기순 손실로 구분하여 기입한다.

이월시산표	
이월상품 +++	(부채) +++
(기타자산) ++	자본금 ++
+++	+++

대차대조표	
상품 +++	(부채) +++
(기타자산) ++	자본금 +++
+++	+++

(주) 손익계산서와 당기순이익은 대차 반대로 일치한다.

3. 계정과목별 처리

1) 수익과 비용의 회계처리

(1) 수익(자본의 증가)

영업 활동의 결과 얻어지는 가치를 수익이라고 한다. 따라서 수익이 발생하면 자본의 출자나 증자에 의하지 않고 자본이 증가된다.

> 예 상품매출이익, 수입임대료, 수입수수료, 수입이자 등

① 영업수익: 매출액

② 영업외수익: 이자수익, 배당금수익, 단기투자자산처분이익, 단기투자자산평가이익, 유형자산처분이익, 잡이익 등을 말한다.

(2) 비용(자본의 감소)

기업이 영업 활동을 함에 있어 지급되거나 발생하는 금전적 가치를 비용 또는 손실이라고 한다. 따라서 비용이 발생하면 자본의 인출이나 감자에 의하지 않고 자본이 감소된다.

> 예 급료, 광고비, 소모품비, 통신비, 지급이자, 잡비 등

수익 총액 − 비용총액 = 순이익 또는 (−)의 경우는 순손실

① 영업비용
- 매출원가: 기초상품+순매입액-기말상품
- 판매비와 관리비: 급여, 운송비, 임차료, 접대비, 감가상각비, 광고비, 연구비 등

② 영업외비용: 이자비용, 단기투자자산평가손실,단기매매증권처분손실, 잡손실 등을 말한다.

③ 법인세비용: 주식회사 세금

2) 수익과 비용

(1) 수익의 분류

① 영업 수익: 순매출액

② 영업외 수익: 순매출액 이외 거의 대부분의 수익

(2) 비용의 분류

① 영업비용: 매출원가, 판매비와 관리비

② 영업외 비용

③ 법인세 비용: 기업의 세금

　　　　　　판매비와 관리비 계정 및 영업외 비용 계정의 구분

　　　　　　법인세 비용의 회계 처리

(3) 손익 이익의 4구분 및 계산

① 매출총이익: 순매출액-매출원가

② 영업이익: 매출총이익-판매비와 관리비

③ 법인세비용 차감전 순이익: 영업이익 + 영업외수익 − 영업외비용

④ 당기 순이익: 법인세비용 차감전 순이익-법인세 비용

4. 포괄손익계산서

🖩 이익의 구분 계산

다음은 기능별 형식 포괄손익계산서 이다.

🔎 손익 계산서

매출액	+++
매출원가	(−) +++

매출총이익	+++
판매비와관리비	(−) +++

영업이익	+++
영업외수익	(+) +++
영업외비용	(−) +++

법인세비용차감전순이익	+++
법인세비용	+++

당기순이익	+++

총수익 − 총비용 = 순이익

원인별 → 구체적으로 단계별로 알아보기 위해서 이다.

5. 결산(마감)

기업의 경영 활동의 결과를 회계 연도말에 장부를 마감하여 재무 상태를 파악하여 밝히고, 그 기간에 생긴 순손익을 정확하게 파악하는 절차를 결산이라 한다.

1) 결산

(1) 결산의 단계 절차

예비절차 본절차 보고서 작성 절차

(2) 결산순서

① 수익 비용 손익 마감
② 자산 부채 자본 차기이월 마감

학습토론

1. 사채의 발행 이란?

2. 증자와 감자 대해 설명하시오.

3. 이익 잉여금 이란?

4. 포괄손익계산서 대해 설명하시오.

5. 재무제표에 대해 설명하시오.

전표회계의 이해

제1절 전표회계

1. 전표의 정의

전표(slip)란 기업의 규모가 확대되고 업무가 복잡해짐에 따라 각 부처간에 업무의 전달, 책임소재의 확인, 기장사무의 효율화를 위하여 사용되는 일정한 크기와 형식을 갖춘 지편을 말하며, 전표를 작성하는 것을 기표라고 한다. 이러한 전표로 분개장을 대신하여 거래를 기록하여 총계정원장에도 전기하는 회계처리방식을 전표회계라고 한다.

전표는 기업에 따라 차이가 있으나, 보통 사용되는 입금전표, 출금전표, 대체전표 등이 있다.

전표 예 음식점, 주문시(종이쪽지 기록), 분개하는 쪽지. 거래발생 하면 - 분개 - 분개장 - 총계정원장// 결산, 보고서 전표 분개장대신 전표작성 전산회계

가장 기본적 기록: 전표를 보고 컴퓨터에 입력한다.

거래 - 전표 - 일계표 - 총계정원장

(기입)   (집계)   (전기)

2. 전표회계

✎ 분개장 대신 전표이용: 총계정원장

✎ 3전표제 사용: 입금전표, 출금전표, 대체전표

① 입금전표: 입금의 거래를 기입하는 전표로서 붉은 색으로 되어 있다.

② 출금전표: 출금거래를 기입하는 전표라고도 하며 청색으로 되어 있다.

③ 대체전표: 현금의 수입과 지출이 수반되지 않는 거래를 기입하는 전표로서 검정색으로 인쇄하여 사용하고 있다. 대체거래는 대체전표에 기입한다.

1) 회계의 전산화

① 회계 관련 자료를 보다 신속, 정확하게 처리한다.

② 전산화가 이루어져도 회계 담당자는 회계 지식을 갖추어야 한다.

③ ERP: 전산적 자원 관리(재무, 회계, 생산, 물류, 인사, 통합관리)

전표는 일정한 양식에 간단 명료하게 기입한다.

3. 전표특징

① 각과, 계별로 기장 사무를 분담할 수 있다.

② 총계정 원장에 전기의 횟수를 줄일 수 있다.

③ 분개장의 대용이 되어 장부 조직을 간소화 할 수 있다.

④ 거래를 다른 과, 계에 쉽게 전달할 수 있다.

⑤ 책임 소재를 명확히 한다.

⑥ 장부 검사의 수단으로 이용할 수 있다.

1) 전표제도

전표를 그대로 철하면 분개장 역할을 한다.

매입전표를 철하면 매입장이 된다.

매출전표를 철하면 매출장이 된다.

2) 전표종류

① 분개전표 = 1전표제

② 입금전표, 출금전표, 대체전표 = 3전표제(현금 수입, 지출) @전산회계 사용

③ 입금전표, 출금전표, 대체전표, 매입전표, 매출전표 = 5전표제(유통업 상품매입
매출시)

4. 전표제

① 입금전표: 현금 // +++(계정과목)

② 출금전표: +++ // 현금

③ 대체전표: +++ // +++

1) 전표 집계표 전기방법

거래 – 전표 – 전표집계표 – (전기) – 총계정 원장

2) 약식전표

5/5 (차) 현금 200,000 // (대) 매출 200,000(상품매출시)

* 현금이 들어온 경우, 차변 현금

입금전표*차변의 상대편계정 작성

매출 200,000

6/6 (차) 통신비 50,000 // (대) 현금 50,0000

* 현금이 나간 경우, 대변 현금

출금전표 대변의 상대편 계정

통신비 50,000

7/7 (차) 매입 300,000 (대) 외상매입금 300,000

*전부대체거래   대체전표

          매입 300,000   외상매입금 300,000

(일부대체거래)

8/8 (차) 매입 150,000 // (대) 현금 50,000

                           외상매입금 100,000

    *나누어서 작성한다.

    차) 매입 50,000 // 대) 현금 50,000 = 출금전표

      매입 100,000 // 대) 외상매입금 100,000 = 대체전표(두장으로 한다.)

5. 회계의 전산화

    ERP 전산화 거래-회계, 물류, 생산출금-직원수당까지 자동화된다.

    중소기업에서 많이 사용하는 프로그램은 몇 종류가 있는데, 비용의 적정성에 대해서는 도입하는 기업체 입장마다 조금 다르게 느껴질 부분이 아닌가 한다.

    ERP시스템에는 다양한 기능이 탑재되어 있는데 영업, 회계, 재고, 생산, 인사관리 등 어떤 업무영역에 대하여 사용할 예정인지 결정을 해야 한다.

    ERP 회계 시스템이라고 질문하실 걸로 봐서는 우선 주로 회계업무쪽에 대해 Needs가 있다는 가정하에 몇 가지 프로그램을 추천해 드리자면 엄격히 말해서 ERP는 아니고 회계프로그램이지만 중소기업에서 많이 사용하는 더존, 세무사랑 프로그램과 ERP 형 프로그램인 SERP 이렇게 3가지가 사용되고 있다.

1) SERP 프로그램

✎ 패키지형 ERP 프로그램 중에서 중소기업에서 가장 널리 사용하고 있는 erp 프로그램이다.

✎ 영업, 재고, 회계 등의 기존 ERP기능에 기업체의 모든 은행 통장과 법인카드 내역을 실시간으로 조회하고 그 내역을 바로 전표처리할 수 있도록 만든 금융관리 기능을 접목시킨 새로운 개념의 중소기업 ERP이다.

2) 더존

✎ 기본 모듈이 재무회계이고 인사급여, 문류, 생산, 건설회계, 세무조정 등 모듈 추가시 별도의 비용이 있다.

3) 세무사랑

✎ 한국세무사회 전산회계 자격증 실기시험 프로그램인 케이랩과 같은 프로그램이다.

✎ 전산회계 자격증 취득하면서 프로그램 입력방법을 배우고 입력하는 사례도 많다.

피지 포세이돈 리조트

1. 주식

"주식"이란 기업이 발행하는 유가증권의 하나로서 투자자로부터 돈을 받고 그 증표를 발행한 것을 말한다. 주식의 발행을 통하여 여러 사람으로부터 자본을 조달받는 회사. 즉 주주로 조직된 유한책임회사이다.

- 주식의 발행: 자본을 모집하는 주식을 발행하여 현금으로 납입금을 받는 것이다.
- 주식회사의 설립: 7인 이상의 발기인이 정관에 서명 날인하여야 한다.
- 사채: 사채는 주식회사가 장기간 자금을 조달하기 위하여 사채권을 발행하여 교부하고 자금을 차입하는 비유동부채를 말한다.
- 주식의 발행: 자본을 모집하는 주식을 발행하여 현금으로 납입금을 받는 것이다.
- 주식회사의 설립: 7인 이상의 발기인이 정관에 서명 날인 하여야 한다.
- 사채: 사채는 주식회사가 장기간 자금을 조달하기 위하여 사채권을 발행하여 교부하고 자금을 차입하는 비유동부채를 말한다.

2. 주식과 사채

기업이 돈이 필요해서 주식 또는 사채를 발행한다.
주식은 자본을 증가시키며 건전한 주식을 발행한다.

사채는 남에게 돈을 빌리는 부정적인 부채가 증가 한다.

▦ 주식과 사채의 차이

(주식)   //   (사채)

🖉 성질(분류): 발행 시 자본 // 발행 시 부채(비유동부채)

🖉 자금조달: 주식 발행(유상증자) // 사채 발행

🖉 경영: 주주로서 경영 참가권 있음 // 사채권자로서 경영 참가불가

🖉 이자: 이익이 있을 때 배당금 지급 // 이익에 상관없이 확정 이자 지급

🖉 상환기간: 주식에는 상환 의무가 없음 // 만기일에 원금 상환 의무 있음

🖉 청구권리: 잔여재산에 대한 청구권만 있음 // 주주에 우선하여 청구권 있음

🖉 액면금액: 1주당 100원 이상 // 1좌당 10,000원 이상

🖉 유가증권: 지분증권(몫) // 채무증권(빚)

🖉 증권발행: 발행할 주식 정관에 규정함 // 순자산의 4배까지 발행 가능

제3절 유가증권 이해

1. 유가증권의 정의

유가증권을 경제적 관점에서 광의로 해석하면 재산의 소유관계를 표시한 증서로서 상품증권, 화폐증권 및 자본증권 등을 모두 포함하고 있으나 증권시장에서 매매되고 있는 유가증권은 자본조달을 위해 발행된 자본증권만을 의미한다.

① 유가증권: 법률상 유가증권은 재산적 가치를 나타내는 증권이다.
② 단기매매증권: 1년 내 +이익 목적이다(일시적, 단기적). *사고파는 종이 조각.
③ 유가증권: 가치가 있는 종이
　　· 주식
　　· 채권: 국채(국가발행)
　　　　　공채(지방자치, 공기업발행)

1) 유가증권의 분류

증권시장에서의 유가증권은 기업의 자금조달을 위해 발행·유통되는 자본증권으로 이에는 일정한 금액을 출자하였음을 표시한 주식과 기업 외부에 대한 채무성격의 유가증권인 채권으로 대별할 수 있다.

(1) 증권시장의 의의

증권시장이란 유가증권(주로 주식과 채권)의 매매거래가 이루어지는 시장으로서 일반적으로 다음의 두 가지 의미로 쓰이고 있다.

광의로는 장기자금의 수요자인 기업이 유가증권을 발행하거나 매출하여 필요한 자금을 조달하고 투자자가 유가증권의 매입이나 매각을 통하여 자신의 금융자산을 운용하는 일련의 과정, 즉 유가증권을 매개로 하여 발행주체와 증권회사 및 투자자 사이에서 유가증권과 자금의 수요공급이 이루어지는 추상적인 개념의 시장이다.

협의로는 다수의 매매 쌍방이 일정한 시간, 일정한 장소, 일정한 매매거래 질서 아래에서 증권을 거래하는 구체적인 시장으로서 우리나라에서는 유가증권시장과 코스닥시장, 프리보드시장을 말한다.

(2) 증권시장의 구조

기업이 주식이나 채권 등을 통하여 조달한 자금은 기업의 설비투자 등에 투입되므로 회수하는데 많은 기간이 걸리는 반면, 일반투자자가 기업에 제공한 자금은 그 투자자가 필요로 할 때에는 언제든지 회수되어 이용될 수 있어야 한다는 서로 상반된 조건을 가지고 있다.

이러한 상호 상반된 조건에 따라 증권시장은 일반적으로 기업이 유가증권을 발행하여 자금을 조달하고 일반인이 자금을 제공하여 당해 유가증권을 취득하는 발행시장과 투자자가 취득한 유가증권을 현금화할 수 있는 유통시장으로 구성되어 있다.

발행시장에서 발행된 유가증권이 유가증권시장이나 코스닥시장 상장을 통하여 유통시장에서 매매를 할 수 있어야 유가증권을 취득한 투자자는 투자한 자금의 회수가 가능하고 발행주체도 계속 유가증권을 원활히 발행할 수 있다. 유통시장은 한국증권선물거래소가 개설한 유가증권시장, 코스닥시장, 선물시장 및 한국증권업협회가 개설한 프리보드시장을 통해서 유가증권의 매매가 이루어지는 시장을 말한다.

(3) 주 식

보통주, 우선주, 후배주, 혼합주 등

(4) 채 권

가. 국공채

① 국　채: 재정증권, 국민주택채권, 외국환평형기금채권, 국고채 등
② 지방채: 도시철도공채(서울, 부산), 상수도공채, 도로공채 등
③ 특수채: 전력공사채권, 토지개발채권 등
④ 금융채: 통화안정증권, 산업금융채권, 중소기업금융채 등

나. 회사채

보증·무보증사채, 담보·무담보사채 등

다. 주식관련 사채

전환사채, 신주인수권부사채, 교환사채 등
기 타: 수익증권 등

(5) 증권시장의 경제적 기능과 역할

가. 산업자본의 조달 기능

기업의 측면에서 증권시장은 증권발행이란 수단을 통하여 대중의 영세 유휴자금을 널리 모집 흡수하여 이것을 장기 안정적 산업자금으로 조달하게 된다. 따라서 증권시장은 기업에 대하여는 자금조달원이 됨과 동시에 유동성 자금을 산업자본화함으로써 시설투자확대 및 기술혁신 그리고 대량생산을 통하여 기업의 체질강화 및 국제경쟁력을 증진시키는 기능을 지니고 있다.

나. 투자수단의 제공

일반대중에 대하여 증권시장은 저축 내지 자산의 운용을 위한 투자대상을 제공한다. 저축이나 자산을 운용하는 방법에는 여러 가지가 있으나 크게 나누어 부동산이나 귀금속 등과 같은 실물자산에 대한 투자와 증권투자나 은행예금 같은 금융자산에 대한 투자로 분류할 수 있다.

그런데 일반적으로 개인의 투자성향은 경제·사회가 안정되고 소득이 점차 증대됨에 따라 실물자산보다는 금융자산을 선호하게 되고 금융자산에 대한 투자 가운데서도 은행예금과 같은 간접투자 보다는 주식투자나 적립식펀드 가입 등 증권투자를 선호하는 경향이 강하게 된다.

다. 소득의 재분배

사회적 측면에서 증권시장은 주식의 분산에 의하여 소득의 재분배를 구현하는 정책수단이 되고 있다. 현대 자본주의 국가는 주식의 분산을 통한 대중자본주의를 지향하고 있으며 이에 따라 증권시장은 기업공개 및 주식지분의 분산을 촉진함으로써 중산층 육성이라는 사회적 기능을 가지고 있다.

라. 자금의 효율적 배분 기능

증권시장에서 형성되는 주가는 장기적으로 기업의 수익성을 반영하므로 주가 변동에 따라 투자자금이 생산성(수익성)이 낮은 기업에서 생산성이 높은 기업으로 이동하게 되어 자금의 효율적 배분을 촉진하게 된다.

2. 3가지 단계

취득/처분/평가(12월 31일)

1) 취득시

1,000,000(매입가액) + 100,000(매입제비용): 수수료, 각종 비용을 포함한다.

1,100,000 *매입제비용은 매입가액에 포함한다.

2) 처분시

장부가액 ₩1,100,000   *취득시 장부가 말한다.

처분가액 ₩1,500,000 분개) 차) 현 금 1,500,000 // 대) 단기매매 1,100,000

단기투자자산처분이익 400,000

3) 평가(결산시)

12/31시점에 시장가격을 말한다.

장부가액: 6,200   시가(공정가액) 100,000

(취득장부가액 을)   결산시(12/31 현재 시가로 바꾸어 기록한다.)

3. 상법상 유가증권

① 화폐증권: 수표, 어음 등

② 물품증권: 화물상환증, 창고증권 등

③ 자본증권: 주식, 사채, 국채, 공채 등(회계상 유가 증권)

회계상의 유가증권은 이자, 배당, 매매차익을 얻거나 경영권 확보를 목적으로 투자의 대상이 되는 자본증권만을 의미한다.

회계상 유가증권이란 회사가 일시적 자금의 증식이나 다른 기업을 지배할 목적으로 취득한 다른 회사의 주식이나 사채 및 국·공채 등을 말한다.

1) 회계상 유가증권의 분류

① 지분증권: 자기자본의 조달원천이 되는 증권이다.
② 채무증권: 금전을 청구할 수 있는 권리, 국채(국가), 공채(지반자치), 사채(회사) 등을 말한다.

2) 기업회계기준서상의 분류

유가증권은 취득한 후에 단기매매증권, 매도가능증권 및 만기보유증권 중의 하나로 분류한다.

① 단기매매증권: 단기간 내의 매매차익을 목적으로 취득한 유가증권을 말한다. 매수와 매도가 적극적이고 빈번하다.
② 만기보유증권: 만기가 확정된 채무증권으로서 상환금액이 확정되었거나 확정이 가능한 채무증권을 만기까지 보유할 적극적인 의도와 능력이 있는 경우 당해 유가증권을 말한다. 즉 원금과 이자의 상환금액과 상환시기가 약정에 의하여 정해져 있는 유가증권을 말한다.
③ 매도가능증권: 모든 유가증권을 포함한다.

3) 회계상 유가증권

① 유가증권: 자본증권이라고 한다.
② 지분증권: 주식회사 발행(주식).

③ 채무증권: 주식회사(빚) 사채, 공채, 국채 등을 말한다. 만기일이 있다.

🖩 취득 목적에 따라

🖊 주식: 자본증식
- 단기매매증권: 1년 이내 파는 것(단기소유) = 유동자산
- 매도가능증권: 장기소유(1년 이상 소유) = 투자자산

🖊 채무증권: 빚
- 단기매매증권: 1년 이내 파는 것(단기소유) = 유동자산
- 매도가능증권: 장기소유(1년 이상 소유) = 투자자산
- 만기보유증권: 만기까지 소유

예 갑 ㈜ 발행주식 100주 @8,000 취득현금으로 지급하다.
　　차) 단기매매 800,000　대) 현금 800,000
　　　　수수료(비용) +++　　　　　　+++

　　차) 매도가능증권 805,000　대) 현금 805,000
　　　(원가에 포함한다.)
　* 수수료 = 단기매매 − 수수료 비용 처리한다.
　　　　　　　매도가능증권 − 원가에 포함한다.
　* 결산 시 = 공정가치 평가(평가이익, 평가손실)

매도가능 증권 평가 이익, 손실은 = 자본에 속하는 항목 이다.

제4절 (주)주식회사 이해

1. 주식회사

주식회사의 출발은 주주들의 출자로 시작 된다. 그리고 주주들 부를 증대시킬 목적 이다.

㈜ : 상장된 기업, 한국거래소

(시 장)
유가증권 시장 = 증시
코스피 시장(대기, 중견기업)
코스닥 시장(중·소벤처기업)
나스닥 시장(미국) 벤처기업
자스닥 시장(일본) 벤처기업
프리보드 시장(장외시장), 퇴출기업

2. 한국거래소

상장기업이란 주식시장에 상장되어 주식이 거래되고 있는 기업이다.

상장은 시장에 오른다는 뜻, 간단하게 말해서 값이 나가는 주식을 사고파는 주식시장에서 주식을 판매하는 기업이다. 코스피 시장은 유가증권시장이라고도 한다. 이 외에는 코스닥, 프리보드 등의 주식시장도 존재한다만 규모가 가장 크고 검증절차가 가장 까다로운 것은 코스피시장이다.

주식회사는 한국거래소에 주권이 상장되었는가의 여부에 따라 상장·비상장으로 나뉜다.

증권거래소에는 어느 정도 규모가 있는 기업만 등록한다. 그에 비해 코스닥은 규모가 조금 작아도 등록이 가능하다. 그래서 기업의 규모를 평가할 때 '상장기업인가?'라고 묻는다. 민간 상장 기업 즉, 블루칩이라고 하는 것이 있다.

삼성, 현대, SK 등 누가 봐도 알아 줄 대기업, 재벌기업의 주식. 이 주식은 1주에 몇 십만원씩 하고, 사 두면 왠만하면 주가가 떨어지지 않고 안정되게 오를 거라 예상되어지는, 그래서 건강하단 뜻의 '블루'를 써서 블루칩이라 부른다.

1) 상장

① 상장기업 : 한국증권거래소

한국거래소의 유가증권시장에서 거래하는 유가증권시장 상장기업

코스닥시장에서 거래하는 코스닥시장 상장기업으로 (벤처기업)

상장기업이 되기 위해서는 엄정한 심사기준을 통과해야만 한다.

② 비상장기업 : 퇴출기업, 규모 미흡.

증권 거래소에서 거래되지 못한다.

상장된 기업은 증권 거래소에서 증권이 거래되고, 그렇지 않은 회사는 증권 거래소에서 거래되지 못한다.

③ 국내대표기업: 대표적인 상장기업은 삼성전자, 엘지전자 등 1,000개 정도가 있다.

2) 코스피 지수

한국증권거래소에 상장되어 거래되는 모든 주식을 대상으로 산출해 전체 장세의 흐름을 나타내는 지수로 증권거래소에 상장된 기업의 주식가격에 주식수를

가중평균한 시가총액지수를 말한다.

3) 벤처기업

첨단의 신기술과 아이디어를 개발하여 사업에 도전하는 기술집약형 중소기업이다. 20세기 말 이후 최첨단 기술 등을 목표로 한 개척과 모험 정신으로 설립된 기업이다.

'벤처기업'이란 원래 미국에서는 다른 기업보다 상대적으로 사업의 위험성은 높으나 성공하면 높은 수익이 보장되는 기업이다. 신기술과 새로운 아이디어를 가지고 창조적, 모험적 경영을 하는 기업을 포괄적으로 벤처 기업이라고 한다.

4) 중견기업

대기업과 중소기업의 중간에 위치하는 기업을 가리키는 말인데 공식적 기준은 없다.

중견기업연합회는 이를 "30대 그룹에 들지 않으면서 상시종업원이 3백명 이상으로 중소기업의 범위를 벗어난 기업"으로 정의하고 있다.

또 은행들은 기업여신관행 개선작업을 추진하면서 중견기업의 범위를 "자회사를 2개 이상 거느리거나 은행빚이 1백억~2천억원인 기업"으로 잡고 있다.

한편, 중소기업은 종업원 300인 미만이거나 자본금 80억원 이하가 기준이며 대기업은 자산 총액 5조원이 넘는 상호출자제한집단을 말한다.

5) 우량주

보통 블루칩이라고 하며, 업적과 경영내용이 좋고 배당률도 높은 회사의 주식을 말한다.

　우량주에 관한 정확한 기준이나 개념이 정립되어 있는 것은 아니지만 일반적으로 당해 회사의 재무내용이 좋고 사업의 안정성이 높고 안정배당 및 성장성이 있으며 유통성이 높은 주식을 말한다.

1. 전표의 정의와 종류는?

2. 유가증권 이란?

3. 벤처기업을 설명하시오.

4. 주식 상장기업 이란?

5. 우량주란 설명하시오.

주식시장의 이해

제1절 코스피와 코스닥, 나스닥

1. 코스피

코스피란 국내 증권거래소에 상장된 상장기업의 주식 시장을 말한다.

코스피 지수란 증권거래소에 상장된 상장기업의 주식 변동을 기준시점과 비교 시점을 비교하여 작성한 지표로 코스피 시장에 상장된 전 종목을 대상으로 산출된다.

종합주가지수(KOSPI)란 주가에 상장주식수를 가중한 시가총액식 주가지수이다.

우리나라 10대 재벌 모두 코스피에 상장되어 있다.

2. 코스닥

　국내 장외등록 주식을 사고 파는 시장을 일컫는 말로 미국의 벤처기업을 대상으로 하는 나스닥(NASDAQ)을 본떠 이름 지어졌으며 우리나라 중소기업의 직접금융 조달수단으로서 주식장외거래를 활성화시키기 위하여 1996년 5월에 설립된 매매중개회사이다.

　현재 코스닥시장은 코스닥증권회사가 전담, 관리하고 있는데 기존 증권시장의 까다로운 상장요건을 구비하지 못한 중소기업에게 자금 조달 기회를 주기 위해 장외에 개설된 시장이다.

1) 코스피와 코스닥 차이점

　KOSPI와 KOSDAQ은 우리나라에서 가장 큰 규모의 주식을 거래하는 시장들 중 하나이다. 코스닥 시장은 거래소에서 거래하기에는 비교적 규모가 작은 기업들의 주식을 매매하는 시장이다. 보통 코스닥에 투자하는 것이 위험도가 다소 높고 그에 따라 수익도 다소 높을 수 있다. 그래서 코스피시장은 주로 검증되고, 매출 규모가 큰 기업들이 주를 이루고 코스닥은 중소기업이 주를 이루게 되는 것이다. 그렇기 때문에 코스피의 상장기준이 훨씬 엄격하고 장외시장인 프리보드 시장은 상대적으로 많이 완화된 규제를 적용받고 있다. 코스피가 대기업이라면 코스닥은 중소기업이라고 할 수 있다.

2) 나스닥의 다우존스 지수

　1884년 미국의 투자분석가 월 스트리트 저널의 창시자인 다우존스에 의하여 처음 발표된 주가지수이다.

가장 오래된 주가지수 산출방식으로 1884년 7월 3일, 미국의 다우존스에 의해 처음으로 발표된 주가평균이다.

미국의 다우존스사가 뉴욕증권시장에 상장된 우량기업 주식 30개 종목을 표본으로 하여 시장가격을 평균하여 산출하는 세계적인 주가지수이다.

(1) 나스닥

첨단 벤처기업들이 상장되어 있는 미국의 장외시장 이다. 세계 유명기업들은 인텔, 마이크로 소프트, 네스케이프, 야후 등 나스닥 시장에서 자본을 조달해 성장의 발판을 마련 했다.

1971년 2월 8일 첫 거래가 시작된 미국의 장외 주식시장은 세계 각국의 장외 주식시장의 모델이 되고 있는 미국의 특별 주식시장이다. 세계 벤처기업들이 자금조달 활동의 기반을 여기에 두고 있다.

3. 프리보드

유가증권시장(코스피)와 코스닥시장에 상장되지 않은 비상장주권의 매매거래를 위해 한국금융투자협회가 개설, 운영하는 증권시장을 말한다.

특징이 주식거래소 토출기업 등 소수의 중소기업 위주로 한정됨에 따라 프리보드의 공신력과 역할이 크게 저하되고 있다. 상장요건을 갖추지 못한 기업들이 발행한 주식이나 상장이 폐지된 주식에 대해 유동성을 부여하기 위해 도입된 장외주식의 호가중개시스템을 말한다.

4. 외환거래

외환거래(forex trading)는 주식거래와 같이 각 국 통화(currency)의 상대적인 가격 차이(환율)의 등락을 이용하여 외환을 매매함으로써 수익을 얻는 재테크 수단으로 통상 환테크라고 불린다. 즉 우리나라의 통화단위인 원화가 아닌 미국의 달러, 일본의 엔화 등 타국통화를 이용한 거래를 말한다.

외환거래는 과거 은행들간의 거래로만 인식됐으나, 1995년부터 은행간 거래(interbank dealing)의 파생상품으로 개인들이 참여하는 소매시장이 열렸으며, 최근에는 인터넷 기술의 발달로 개인이 안방에서 국제외환시장에 참여하여 이익을 얻을 수 있기에 이르렀다.

외환거래자는 통화를 사고 판다. 외환거래는 2 통화의 비율인 환율의 오르고 내림에 의한 거래임으로 쌍방향으로 오르고 내릴 때 득실을 볼 수 있는 거래이다.

주로 6개의 통화가 가장 많이 거래된다(EURUSD, USDJPY, GBPUSD, USDCHF, USDCAD, AUDUSD). (EUR: 유럽연합화, 즉 유로화/USD: 미국통화/GBP: 영국 파운드/CHF: 스위스 프랑화/JPY: 일본엔화).

거래에 참여하는 개인과 기관의 숫자는 헤아릴 수 없을 만큼 많으며, 일일 거래 대금도 전 세계적으로 약 2조 달러에 이른다.

5. 환율

환율은 화폐간 교환 비율을 의미한다. 환율은 통화를 사고파는 가격이므로 모든 시장에서 가격은 수요와 공급에 따라 결정된다. 즉 환율이란 외환의 가격으로 외화 1단위를 얻기 위해 지불해야 하는 자국통화의 양으로서, 한 나라 통화의 대외가치를 나타내는 자국통화와 외국통화의 교환비율을 말한다. 환율은 물가 감안 여부에 따라 명목환율과 실질환율, 외환의 수도(受渡) 시기에 따라 현물환율과 선물환율, 환율의 표시방법에 따라 지급환율(자국화 표시법)과 수취환율(외화 표시법)로 나뉜다. 이 때 지급환율을 기준으로 1달러가 1,000원에서 1,500원으로 상승하면, 명목환율이 상승했기 때문에 외국화폐를 얻기 위해 더 많은 원화를 지급해야 하므로, 우리나라 원화의 대외가치가 외국통화에 비해 하락했다는 의미로, 원화가 평가절하(depreciation)되었다고 하고, 반대로 500원으로 환율이 하락하면 원화의 대외가치가 상승했으므로 평가절상(appreciation)되었다고 말한다.

1) 환율이 변동하는 요인

아래의 경우를 가장 주요 요인으로 보고 있다.

① 경제적 요인으로 이자율, 통화량, 물가상승, 국제수지, 경제성장률 등에 의해서 환율이 움직인다.
② 국내/국제의 정치적인 정세의 안정과 불안 등의 정치적 요인이다.
③ 환율이 과도하게 상승 하락에 따른 시장의 자체적 기술적 요인이다.
④ 중앙은행 정책요인이다.
⑤ 시장 참가자들의 예측과 기대에 따라서 환율이 변동한다고 할 수 있다.

2) 기준환율

장외시장인 은행간 시장 중에서도 중개회사를 통해 오전 9시~오후 3시에 이뤄진 거래가격을 말한다. 즉 오후 3시에 발표되는 기준 환율을 말한다.

제2절 스와프 거래이해

1. 스와프 거래

장래의 특정 기간 동안 서로의 부채를 상대방의 상품이나 금융자산(서로 다른 금리와 통화)과 교환하는 거래로, 스와프는 교환이라는 의미를 지니기 때문에 스와프거래를 '체인지 오버(change over)'라고 부르기도 한다. 스와프거래는 특정 기간 동안 국제 금리 및 환율 변화에 따른 환위험 회피수단으로 활용하기 위해 1980년대 초 처음 도입된 후, 차입비용 절감과 투자수익의 증대를 위한 목적으로 국제금융시장에서 자산과 부채를 관리하는 가장 중요한 수단으로 널리 이용되고 있다. 21세기 이후 유러달러시장에 조달되는 자금의 2/3 이상이 스와프거래로 이루어지고 있다.

교환대상이 상품인 경우를 상품스와프(commodity swap)라 하고, 대표적 거래상품으로는 원유, 벙커C유(油), 곡물 등이 있다. 교환대상이 금융자산인 경우는 금융스와프(financial swap)라 하고, 대표적 거래상품으로는 외환, 채권 등이 있다. 그리고 금융스와프는 다시 부채 또는 자산을 교환거래하는 금리·통화스와프, 현물환거래와 선물환거래를 결합하여 교환거래하는 외환스와프로 대별된다.

1) 금리·통화스와프

1년 이상 장기외환시장에서 동일한 통화에 대해 원금교환 없이 서로 금리가 다른 이자채권에 대해 상호교환하는 금리스와프, 금리는 같지만 결제통화가 다른 당사자 간의 교환거래가 이뤄지는 통화스와프로 분류된다.

2) 외환스와프

1년 이하 단기외환시장에서 외국통화의 현물과 동일한 가격의 선물을 교환을 약정하는 거래로, 이러한 형태의 스와프거래는 수출입 기업이 외국환결제은행과 예약한 외환에 대한 결제기간을 연장할 경우에 주로 이용된다. 예를 들어, A가 B에 대하여 10만 달러의 현물환을 매도함과 동시에 B로부터 같은 금액의 선물환을 매수하는 것과 같은 경우를 말한다.

제3절 기업이야기 이해

1. 기업

기업이란 이윤추구를 목적으로 하는 생산경제의 단위체를 말한다. 기업은 기업가의 지배하에 집합된 자본설비 또는 기타의 자원으로 구성된다. 기업은 노동 또는 원자재 등을 구입하고 구입한 원자재를 생산과정을 통하여 가치를 부가시킨 후, 시장에서 이 제품 또는 서비스를 판매하는 것이다. 기업은 다른 경제주체 예를 들면 가계나 정부와는 달리 이윤을 추구하고 있다는 점이 다르다. 기업은 이것을 구성하고 있는 주체에 따라서 그 기업의 형태와 종류가 다르다. 또 기업형태는 기업주체의 단수·복수 여부 및 책임의 종류에 따라서 결정된다. 따라서 기업형태는 ① 공기업(국영기업·공영기업), ② 공사합동기업, ③ 사기업(개인기업·집단기업·합명회사·합자회사·익명회사·유한회사·주식회사·협동조합)으로 분류될 수 있다.

2. 기업형태

여기서의 기업형태는 기업활동에 필요한 자금제공자(출자자·소유자)의 구성을 중심으로 기업의 관리·지배 등을 포함하는 측면에서의 검토대상을 말한다. 이같은 기업형태를 검토하는 접근방법은 다음 3가지로 나뉜다.

(1) 법률형태론

법률이 규정하는 기업의 여러 형태를 분류하고 법적 성격을 밝혀 놓으려고 하는 것을 말한다. 한국 법률에서 규정한 주요한 법률형태는 개인상인(個人商人)·합명회사·합자회사·유한회사·주식회사·익명조합·민법상의 조합 등이다. 법률형태론에서는 출자와 경영의 권리·의무관계가 중심이 된다.

(2) 경제형태론

기업이 존립하는 경제적 조건을 해명하려고 하는 것을 말한다. 1912년에 독일의 경제학자 R.리프만은 저서 《기업형태론 : Die Unternehmungsformen》에서 기업의 소유와 지배(경영)의 관계에서 기업을 개인기업·회사기업(인위적 회사·자본적 회사)으로 분류한 바 있다. 그 후 기업형태에 관해서는 갖가지 학설이 발표되고 있는데, 평면적 관찰법에 의한 대표적인 분류는 다음과 같다.

① 기업가의 공사에 따라 사기업·공기업·공사합동기업으로 나누고, ② 기업가의 수효에 따라 단독기업과 집단기업으로 나누며, ③ 사업목적에 따라 민사기업과 상사기업으로 나누고, ④ 기업이용자의 자타(自他)에 따라 자기이용기업(협동조합)·타인이용기업(협동조합 이외의 모든 기업)으로 분류하며, ⑤ 또, 이러한 분류들을 종합해서 단독기업·소수집단기업(조합·합자·합병·유한회사)·다수집단기업(주식회사)·준기업(협동조합), 공기업 및 공사합동기업(국영기업·특수회사), 복합기업(카르텔·트러스트) 등으로 분류하기도 한다. 경제형태론의 관심은 출자와 경영의 책임을 실

질적으로 해명하는 데 있다.

(3) 기업체제적 형태론

법률형태에 크게 구애되지 않고 기업의 내적 성격변화를 발전적으로 파악하여 정도가 낮은 것에서 높은 것으로의 추이 속에서 유형화하려는 것을 말한다. 기업 체제적 형태론에 의하면, 사기업이란 인적 사기업(출자자의 소유물) → 자본적 기업 (영리제일주의) → 현대적 기업(사회적 성격의 강화)으로 발전하고, 공기업(순행정경영: 관영기업 = 전매사업) → 비종속적 공기업(경제적으로만 독립) → 독립 공기업(조직적으로도 독립) → 자주적 공기업으로 발전한다는 것이다.

또한 주체적 분류법이라 하여 가계와의 미분리형태, 즉 전기업적 형태, 가계와 의 분리형태, 즉 소유자 경영형태, 자본과 관리의 분리형태, 즉 자본적 기업형태, 자본과 경영의 분리형태, 즉 고도발전적 기업형태 등을 주장하는 학자도 있다.

어떻든 사기업의 발전원리는 자본·출자·소유와 경영의 분리이며, 공기업은 정치·행정·재정과 경영의 분리인데, 사·공 기업 모두 경영체 라고 하는 자주성과 사회성을 지닌 제도의 방향으로 움직이고 있다고 하겠다. 기업형태에는 개별기업 외에 기업의 결합형태가 있는데 기업집중·기업집단·기업계열 등이 이 형태에 속 한다.

3. 호텔기업의 특성

호텔기업의 경영전략을 수립하기 위해서는 기업의 의사결정 및 기업경영성과에 영향을 미치는 외부환경요인에 대한 체계적인 분석이 필요하다.

과거의 호텔은 여행자들에게 숙식의 제공이나 휴양 등 숙박시설의 이용에 기본 적인 조건만을 제공하였으나 현대 사회에서는 여행자, 사업가, 각종 행사의 참가자 등 여러 목적을 지닌 고객들의 욕구에 부응하기 위하여 각 호텔에서는 다양한 정책 경영이나 서비스방안을 강구하게 되었다. 특히, 오늘날의 호텔은 국제회의, 대소 연회 등 각종 모임이 이루어지는 장소를 제공한다는 점에서 공익성이 중요시되고 있다. 또한 세미나, 전시회, 발표회 등 문화행사를 개최함으로써 문화적인 공간과 사교적인 장소를 제공한다.

호텔은 자동화에 한계가 있다. 일반 기업은 대개가 상품과 현금의 유동자산으로 구성되어 있지만 호텔은 시설자체가 하나의 상품으로 취급되기 때문에 고정자산의 투자비율이 높다. 그래서 호텔은 다른 기업에 비해 고정경비를 감수해야 할 과제를 안고 있다. 호텔업은 시설자체가 상품의 가치를 형성하고 있으며 무형적인 서비스를 제공하는 등의 다른 산업에 비해 매우 독특한 성질을 가지고 있다. 따라서 호텔업이 가지고 있는 특성을 파악하여야 호텔경영에서 발생되는 문제점들을 해결해 나갈 수 있다.

1) 영업내용상의 특성

① 인적서비스의 의존성
② 입지조건에의 의존성
③ 시설의 조기 노후화
④ 상품 판매의 시간적 장소적 양적제약

2) 재무적 특성

① 초기고정자산에 대한 투자가 높다.
② 고정원가의 지출이 많다.
③ 인건비의 비중이 높다.

3) 기타특성

① 연중무휴의 영업
② 시장환경에 민감
③ 사회공공성

4) 식음료부문의 특징

① 업장의 다양화
② 조직의 비대화
③ 일반고객에 대한 높은 의존도
④ 수입 매니지먼트에 대한 높은 의존도
⑤ 수입 식료와 음료에 대한 높은 의존도
⑥ 수입 Equipment와 Utensil에 대한 높은 의존도
⑦ 생산방식의 경직성
⑧ 생산지향적인 메뉴관리
⑨ 재고관리의 중요성에 대한 인식의 부족
⑩ 인건비와 식료원가에 대한 높은 비중
⑪ 낮은 관리수준
⑫ 낮은 객단가와 생산성
⑬ 형식적인 평가와 분석
⑭ 높은 감가상각비율
⑮ 높은 순이익
⑯ 비싼 매가

5) 체인 호텔 경영의 장점

① 공동구매에 따른 원가절감의 효과
② 전문가 활용의 이점
③ 광범위한 공동촉진
④ 효율적인 예약시스템 이용
⑤ 경영의 합리화 도모
⑥ 기타

6) 체인호텔 경영의 단점

① 독창성의 결여
② 조직관리의 비효율성
③ 경영비용의 부담
④ 경영회사와 소유주의 갈등
⑤ 기타

4. 기업의 언어

기업의 경영활동에는 재무활동과 투자활동 및 영업활동이 있으며, 이러한 경영활동은 기업의 목적을 달성하기 위하여 상호 관련성이 있다. 그 결과 기업의 재산상태의 변화와 경영성과도 달라진다.

기업과 관계가 있는 사람들에게 그들이 이해하기 쉽도록 경영활동의 결과들을 잘 작성하여 보고해야하며, 기업의 재산상태의 변화와 영업할동에 대한 성과들을 기록한 장부들이 기업의 재무보고서이다.

기업이 필요한 자금을 조달하고, 조달된 자금으로 경영활동을 수행하게 되면 재산상태에 변화를 가져오게 된다. 기업의 재무활동과 투자활동이 이루어지면 기업의 재산이나 부채와 같은 재산상태가 변화하게 되고, 이러한 재산상태의 변화를 요약한 재무보고서가 재무상태표라 한다.

그리고 기업이 영업활동을 통하여 상품이나 제품을 판매하고, 수익과 비용이 발생하게 되어 이익이 생기게 되며, 이러한 이익과 영업성과에 대한 요약한 보고서가 포괄손익계산서라 한다.

기업이 경영활동을 원활히 수행하기 위해서는 반드시 현금을 필요로 하게 된다. 현금이 들어오고 나가는 것에 관한 정보를 정리한 보고서가 현금흐름표라 한다.

이러한 재무보고서들을 통틀어 재무제표라고 한다. 재무제표에 담긴 회계정보는 기업의 모든 경영활동을 요약하고 있기 때문에, 다양한 이해관계자들에게 의사소통을 하기 위한 수단으로 이용되며, 이를 기업의 언어라고 한다.

제4절 호텔산업의 특징

1. 호텔산업의 중요성

호텔(hotel)의 어원은 라틴어인 호스피탈레(hospitale)로 순례 또는 참배자를 위한 숙소를 의미한다. 이후 '여행자의 숙소 또는 휴식장소, 병자를 치료하고 고아나 노인들을 쉬게 하는 병원'이라는 뜻의 호스피탈(hospital)과 호스텔(hostel)을 거쳐 호텔(hotel)로 바뀌었다. 호텔의 어원을 살펴보면 호텔발전의 전제는 사람들의 이동이라는 것을 알 수 있다. 현대사회는 교통의 발달, 타지역을 방문하고자 하는 사람들의 욕구 증가, 세계경제 활성화를 위한 비즈니스 등으로 인하여 사람들의 이동은 과거와 비교하여 비약적으로 증가하였다. 따라서 이동을 전제로 한 호텔산업은 나날이 발전을 하고 있는 상황이다.

1) 호스피텔러티산업

호텔산업은 호스피텔러티산업(hospitality industry)의 한 영역으로, 호스피텔러티산업은 여행산업, 숙박산업, 외식산업, 오락산업과 같이 네 영역으로 구성되어 있다.

우리나라의 관광진흥법 제2조에 따르면, 관광사업이란 관광객을 위하여 운송, 숙박, 음식, 운동, 오락, 휴양, 용역을 제공하거나 그 밖에 관광에 딸린 시설을 갖추어 이를 이용하게 하는 업을 말한다. 이러한 정의에 따라 관광진흥법 제3조에서는 객을 위하여 음식, 운동, 휴양, 문화, 예술 또는 레저 등에 적합한 시설을 갖추어 이를 관광객에게 이용하게 하는 업, 국제회의업, 카지노업, 유원시설업, 관광 편의시설업으로 나누고 있다.

따라서 호스피텔리티산업의 분류에서 호텔산업은 숙박업의 한 영역이지만, 관광진흥법에 의하면 관광숙박업에 속한 관광사업의 한 분야에 해당되기도 한다.

2) 호텔경영조직의 분류

현대의 인간은 태어나면서부터 조직의 구성원이 되며, 하루도 조직에서 벗어나서 살 수 없다. 이러한 현대조직사회는 인간들에게 독특한 인간성을 요구하고 있다. 조직 중에서 가장 바람직한 조직은 가정이라고 하였다. 즉, 화목한 가정조직으로서 서로를 이해하고 사랑하며 어른을 존경하고 손아랫사람을 아껴주는 그러한 조직을 말한다.

조직이란 기업의 경영목적을 달성하기 위하여 각 구성원이 맡은바 직무를 효과적·능률적으로 협동하여 수행할 수 있도록 하기 위해서는 일정한 원칙에 의해 합리적으로 구성되고 운영되는 것이다.

인적자원의 의존도가 높은 호텔기업에서는 종사원이 제공하는 서비스가 하나의 상품으로써 호텔의 경영성과에 큰 영향을 미친다. 따라서 경영진들은 호텔종사원들의 경영조직차원의 관리에 대한 관심을 가져야 한다.

호텔기업의 조직은 기업의 목적 또는 각 조직단위의 목적을 능률적으로 달성하고 설장과 발전을 촉진하는데 그 목적이 있다. 일반적으로 호텔의 조직은 가장 효과적으로 기업의 목적을 달성할 수 있도록 일의 성질을 명확하게 규정하여 직원들에게 편성하고, 책임과 권한을 부여하고 있다. 호텔기업은 상품의 생산, 판매, 등의 특수성과 호텔의 입지조건, 판매하는 상품의 조직, 건축양식 및 구조, 지배인의 경험과 교육수준, 경영층의 경영능력, 기업의 소유형태 등에 따라서 다양한 조직형태를 취할 수 있다.

(1) 기업의 조직형태

🖉 기본조직 형태 : ① 라인조직(line organization) ② 기능식 조직(functional organization)

🖉 기본형태를 보완하기 위한 조직 : ① 라인 앤드 스탭 조직(line and staff organization) ② 위원회조직(committee)

🖉 기타 조직의 형태 : 동태적인 환경에 대응하기 위한 조직 ① 프로젝트 조직(project organization), ② 메트릭스 조직(matrix organization), ③ 사업부제 조직(divisional organization)

(2) 호텔경영조직의 분류기준

① 직위에 의한 조직

② 기능에 의한 조직

③ 고객과의 접촉여부에 따른 조직

④ 수입발생부문과 지출발생부문에 따른 조직

⑤ 업무책임에 의한 조직

(3) 호텔의 부문별 조직

① 관리부문: 영업기획부문, 총무부문, 인사부문, 시설부문, 구매부문, 회계·재무부문, 재무부문, 판촉, 홍보, 전산
② 객실부문: 프런트 오피스(front office), 객실정비(housekeeping), 린넨(linen) 및 세탁물 관리 프런트 오피스(front office) : 리셉션(reception), 비즈니스 전용층(EFL : Executive Floor), 비즈니스 센터(business center), 컨시어지(concierge), 교환서비스
③ 식음료부문: 식당관리, 음료관리, 연회(banquet)관리, 조리관리, 원가관리
④ 부대사업부문: 스포츠 건강시설(휘트니스 센터 : fitness center, 수영장, 테니스장, 골프, 체련장, 에어로빅), 오락·유흥시설(카지노, 나이트 클럽 등), 기타부대시설(면세점, 아케이드, 이·미용실, 서점, 사진관, 기념품점, 화원, 스포츠 숍, 골프 숍, 스낵코너 등)
⑤ 고객관리부문: 전사적(全社的)인 차원에서의 고객관리

호텔의 상품은 객실 식사, 음료, 부대시설 등과 같은 유형적인 서비스와 무형의 인적서비스로 구성되어 있다. 이 중에서 호텔의 인적서비스에 해당하는 호텔의 종사원은 호텔에 대한 고객의 인식 및 만족에 직접적인 영향을 미치는 매우 중요한 요소이다. 호텔의 인적서비스의 중요성은 호텔산업에 있어서의 경영성패와 직결이 된다. 호텔의 종업원은 제공하는 서비스 상품에 대해 책임의식을 가지고, 고객반응에 세심한 주의를 기울여 서비스를 제공할 필요가 있다.

호텔은 연중무휴로 24시간 운영되는 특성을 가진다. 호텔은 연중무휴의 상시 운영을 통해서 매출액을 증대시킬 수 있는 제반여건을 갖추고 있다.

호텔은 다른 어느 기법보다도 위생상태가 좋고, 안전해야하며, 호텔의 상품은 청결성이 고객서비스 만족에 중요한 변수로서 작용하기 때문이다. 호텔종사원은 항상 근무환경을 청결하게 하여야 하며, 이러한 조건에서 서비스를 제공하는 종사원들은 자연적으로 근무환경이 훌륭하게 평가되는 조건이 된다.

호텔은 오늘날 치열한 경쟁으로 인해 호텔의 핵심서비스를 확대하고 있다. 호텔의 핵심서비스인 객실은 대체로 차별화가 어렵다. 따라서 경쟁우위를 차지하기 위한 호텔들은 레스토랑, 수영장, 피트니스센터, 나이트클럽 등 다양한 보조서비스를 확대함으로써 차별화를 하고 있다. 이외에 고객욕구를 충족시키기 위해서 문화서비스,회의서비스, 유통서비스, 건강관리서비스, 정보제공서비스, 여가 스포츠 서비스 등 다양한 기능의 상품개발을 하는 추세이다.

호텔회계는 기업의 영업행위에 적용되는 회계의 한 분야로서 기업이 회계 업무를 진행하는데 있어 기준이 되는 기업회계의 회계 공준과 회계원칙에 따라 업무를 수행하게 된다.

3) 호텔회계기능

호텔기업은 다양한 이해관계자들이 있다. 즉 투자자, 경영자와 고객, 호텔 종사원 등이 그들인데, 이러한 건전한 이해관계자들은 호텔기업의 안전성, 수익성, 확실성 등을 원한다.

호텔 회계는 각 이해관계자의 요구에 부응하기 위해서 객관적이면서도 합리적 절차에 의해 공정하고 공개적으로 이루어져야 한다.

호텔경영과 회계는 이해당사자들의 요구에 부응하기 위해 관리기능, 보전기능 등을 가지게 된다.

관리기능은 주로 경영자의 입장에서 호텔 기업의 가치를 수치적, 경영적, 신용적

면에서 관리하는데 도움이 되도록 필요한 계수적 자료를 제공하는 것을 의미하며, 보전기능은 호텔경영과의 학문적으로 보면 호텔이 채무자로서의 의무사항을 이해하려면 호텔경영과 관련된 모든 활동이 기록되어 보존되어야 한다는 것을 의미하게 된다.

7성급 호텔 '버즈 알 아랍'

학습토론

1. 외환 거래 대해 설명하시오.

2. 스완프 거래란?

3. 코스피와 코스닥을 설명하시오.

4. 호텔기업의 운영과 특성을 설명 하시오.

5. 프리보드 란?

Part 03

호텔기업의 이해

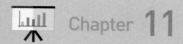
호텔기업의 세무이해

1. 세금의 정의

국가나 지방 자치단체가 그 수입을 조달할 목적으로 특정한 개별적 보상없이 사경제로부터 강제적으로 징수하는 화폐 또는 재화이다.

2. 세금의 종류

1) 국세

(1) 내국세: 나라 안에서 이루어지는 거래에 대하여 부과하는 세금(국세청에서 부과 · 징수)

① 직접세: 소득세, 법인세, 상속세, 증여세, 부당이득세, 종합부동산세

② 간접세: 부가가치세, 특별소비세, 주세, 인지세, 증권거래세

③ 목적세: 교육세, 교통세, 농어촌특별세

(2) 관세: 외국에서 수입하는 물품들에 대하여 부과하는 세금(관세청에서 부과 · 징수)

2) 지방세

(1) 도세: 특별시, 광역시 및 도에서 부과 · 징수

① 보통세: 취득세, 등록세, 레저세, 면허세

② 목적세: 공동시설세, 지역개발세, 지방교육세

(2) 시 · 군세: 시 · 군 · 구에서 부과 · 징수

① 보통세: 주민세, 재산세, 자동차세, 주행세, 농업소득세, 담배소비세, 도축세

② 목적세: 도시계획세, 사업소세

제2절 개인 기업의 세무

1. 개인 기업

기업주의 부담하여야 할 모든 세금은 인출금 계정에서 처리하며, 기업체가 부담 하여야할 세금과 공과 계정에서 처리한다.

1) 소득세

당해 연도 1월 1일부터 12월 31일까지의 사업을 운영한 소득 금액에 대하여 과세하는 세금이다. 소득세는 사업소득자 즉 점주가 부과하여야 할 세금이므로 기업 자체에서 납부하는 경우 인출금 계정으로 처리한다.

▦ 공식: (소득금액 = 총수입 금액 − 소요된 필요경비)

🔲 1) 소득세 ₩20,000을 현금으로 납부하다.
  (차) 인출금 20,000 (대) 현 금 20,000

이자소득, 배당소득, 근로소득 등은 이를 지급하는 자가 원천 징수하여 세무서에 납부하게 된다.

🔲 2) 종업원 급료 ₩270,000 중 갑종 근로소득세=7,000을 차감한 잔액을 현금으로 납부한다.
  (차) 급 료 270,000 (대) 현 금 263,000
             소득세예수금 7,000

예 3) 원천 징수한 소득세 ₩7,000을 현금으로 세무서에 납부한다.

(차) 소득세예수금 7,000   (대) 현 금 7,000

2) 부가가치세

부가가치세는 재화나 용역의 거래 과정에서 발생되는 부가가치에 과세하는 간접세이다.

▦ 공식: 부가가치 = 매출금액 − 매입금액

(1) 재화와 용역

✎ 재화: 재산 가치가 있는 물건 및 권리
✎ 물건(유체물): 상품, 제품, 원료, 기계, 건물 등
✎ 물건(자연력): 전기, 가스, 열, 풍력 등
✎ 권리: 광업권, 특허권, 저작권 등

(2) 용역

용역이란 재산 가치가 있는 모든 역무, 행위를 말한다.
✎ 건설업, 숙박업, 음식점업, 운수업
✎ 방송통신업, 정보서비스업
✎ 금융업, 보험업
✎ 부동산업, 임대업
✎ 기타 각종서비스

- ▦ 부가 가치세: 부가 가치세 기본 세율은 13%이며 현행 시행되고 있는 게율은 10%이다.
- ▦ 상품매입시: 상품 매입시 10%의 부가 가치세를 지급한다.

  (차) 현금예금 16,500　(대) 매 출 15,000

  　　　　　　　　　　　부가가치세예수금 1,500
- ▦ 기말 결산시: 부가 가치세 예수금을 계산한다.

  (차) 부가가치세예수금 1,500　(대) 부가가치세대급금 1,500

제3절　법인 기업의 세무

1. 법인세

　　법인의 소득에 대하여 과세되는 조세로서 개인 기업의 사업 소득세에 해당되는 조세이다.

　　법인 기업의 소득은 법인 자체의 소득이므로 법인세 계정에서 기장 처리한다.

　　법인 기업은 사업 연도 종료 후 60일 내에 법인세의 과세표준을 신고하고 법인세를 납부하여야 한다.

- 예 1) (중간예납시) (차) 법 인 세 +++　(대) 현금 예금 +++

  (결산시계산서) (차) 법 인 세 +++　(대) 미지급법인세 +++

  * 미지급 법인세 계정으로 처리하는 금액은 기말 결산시 확정된 법인세액에서 중간 예납액을 차감한 잔액이다.

1) 법인 부가 가치세

법인 기업의 부가 가치세의 처리방법은 개인 기업과 같다.

제4절 배 당

1. 배당이란?

배당은 어떤 기업이 한 해동안 장사를 잘 하여서 목표를 달성하거나, 초과이익을 거둘 경우 주주들에게 주는 성과급이라고 생각하면 된다.

일반적인 주식회사에서는 일년 동안의 영업실적을 결산하게 된다 . 그 결과를 갖고 이사회나 주주총회를 거쳐 주주들에게 이익배분을 할 수 있다. 배당은 이사회나 주주총회에서 결의하기에 따라 현금과 주식, 현금, 주식 등 세가지로 줄 수 있으며, 각각의 값어치는 동일하게 적용됨을 알 수 있다.

필리핀 아포뷰호텔 다바오

2. 배당을 받기

먼저 배당을 받기위해서는 주주명부가 폐쇄되기 전에 그 주권을 가져와야 한다. 주권이란 주식회사 주주의 권리를 뜻하며, 상장된 유가증권시장의 경우 매일 매일 주주가 변하기 때문에 기준이 필요하다. 이러한 기준이 주주명부 폐쇄라는 것이다, 대한민국 기업의 대부분은 12월 30일을 기준으로 주주명부를 폐쇄한다. 즉 12월 30일날 주주명부에 나의 이름이 올라가기 위해서는 그 전에 주권이 나에게 와야 한다.

3. 배당을 받는 주권

증권시장에서 주식을 사려면 먼저 예치금이 필요하다. 돈이 없는데 주권을 팔지는 않기 때문이다. 그래서 먼저 주식을 사기 전에는 예수금이라는 돈을 넣어둔다. 예수금으로 증권을 매입한 뒤 바로 주주가 되지는 않는다. 3일이 지난 후에야 그 기업의 주주가 되는 것이다. 그렇다면 12월 30일에 주주가 되려면 12월 30일에 매수하는 것이 아니라, 12월 28일에 매수해야 28일 29일 30일! 즉 셋째날인 30일에 주주가 되는 것이다.

4. 배당을 위해 투자

먼저 배당을 목적으로 한 투자를 할 경우 배당금이 이자나 쿠폰보다 매력이 있는 것인지 알아봐야 한다. 예측이란 과거의 데이터를 종합하여 미래를 예견하는 것이므로, 그 기업의 과년도 상황을 보고 투자할 매력이 있는지 판단을 해야 한다. 물론 이런 판단이 정확하게 들어 맞으면 이 세상에는 부자가 아닌 사람이 없을 것이다.

5. 배당을 많이 주는 기업

배당을 많이 줄 수 있는 여력이 있는 기업들은 한정되어 있다. 미래를 향하여 지속적인 투자를 감행하는 기업의 경우 배당액이 상대적으로 많이 차지한다면 성장동력이 제한될 수 있다. 그리하여 배당은 비교적 경쟁이 약한 기업이 많이 하게 된다. 대표적인 예로 통신업체나 담배업체와 제지업체 등이 있다. 물론 고배당으로 말이 많은 외국계기업도 포함한다.

6. 배당을 많이 받으려면

기업의 재무제표를 살펴본다면 고배당의 여력이 있는지 없는지를 알 수 있다.

첫째로는 현금유보율이 있다. 기업의 자본 대비 보유하고 있는 현금량이다. 자본잉여금이나 이익잉여금이 풍부해야 고배당을 선택할 가능성이 높다.

두번째로는 대주주의 성향이다. 외국계 사모펀드나, 외국계 기업이 주주인 경우는 배당이 높다. 국내기업의 경우 IMF를 경험한 기억이 있어서 현금을 쌓아두는 것을 최고의 목적으로 여기지만, 외국기업의 경우 주주자본주의가 목표이므로 고배당을 한다.

세번째로는 1, 2, 3분기의 실적과 4분기의 예상실적을 찾아보는 것이다. 이것은 개인수준에서는 어렵지만 가장 정확한 지표가 될 수 있다. 당기순이익이 지난해의 분기실적보다 높아졌다면 그만큼 배당금도 증가할 수 있기 때문이다.

7. 배당은 모든 기업

앞에서 말한 것과 같이 일종의 성과급이다. 따라서 기업이 흑자를 내지 못한다면, 배당을 주지 않을 가능성이 있다.

제5절 투자란 무엇인가?

1. 투자의 정의

자본주의 사회에서 생활하는 성인들 중 투자가 무엇을 의미하는지를 상식적으로 이해하지 못하는 사람은 거의 없을 것이다. 그 정도로 우리는 일상생활에서 투자한다는 말을 자주 사용하고 있다. 예를 들어, "주식투자", "부동산 투자", "채권투자" 등은 도시 중산층의 일상 대화에서 자주 오르내리는 친숙한 용어가 되었다.

투자(investment)란 무엇인가? 투자는 넓은 의미에서 미래의 가치(future value)를 얻기 위해 현재의 가치(present value)를 희생하는 행위를 의미한다. 여기서, 현재가치의 희생이란 투자를 위해 현금을 사용해야 함으로써 포기해야 하는 현재의 소비를 의미한다. 투자 행위로 인해 희생해야 하는 것은 현재에 발생하며 확실한 것이다. 이에 반해, 투자에 대한 보상은 미래에 발생하며, 그 보상의 크기는 매우 불확실한 것이다.

1) 투자 행위의 주요 속성 - 시간과 위험

우리가 투자를 미래의 가치(future value)를 얻기 위해 현재의 가치(present value)

를 희생하는 행위로 정의하였다. 이렇게 볼 때, 투자 행위에는 두가지 다른 속성 즉, 시간(time)과 위험(risk)이 내포되어 있다. 투자 행위가 내포하고 있는 이러한 속성을 다음의 예를 이용하여 설명해 보자.

예를 들어, 대학생 A군은 앞으로 1년 후 (주)화신 주식가격이 오를 것이라고 예상하여 현재 가지고 있는 현금 150만원으로 (주)화신 300주를 한 주당 5,000원에 매입했다고 가정해 보자. A군이 (주)화신 주식에 현재 가지고 있는 현금 150만원을 투자함으로써, 그 150만원으로 지금 당장 성능 좋은 팬티엄Ⅳ 컴퓨터를 구입하여 즐길 수 있는 인터넷 정보 여행을 포기해야 할 것이다.

이처럼, (주)화신 주식가격이 오를 것이라 예상하여 (주)화신 주식에 지금 가지고 있는 현금을 투자함으로써, 투자를 하지 않을 경우 그 돈으로 누릴 수 있는 현재의 소비행위를 반드시 희생해야 한다. 즉 미래의 이득을 위해 현재의 소비를 희생하는 것이다.

2) 증권의 종류와 그 특성

우리가 여유자금을 가지고 투자를 하려고 할 때 투자대상은 매우 다양하다. 현실적으로 우리가 고려할 수 있는 투자대상은 크게 토지, 건물, 기계장치 등의 실물자산(real assets)과 주식, 회사채, 선물 등의 금융자산(financial assets)으로 구분된다. 대체로 경제가 발전할수록 실물자산에 대한 투자보다 금융자산에 대한 투자가 더 큰 비중을 차지한다.

학문으로서의 투자론은 전통적으로 실물자산에 대한 투자보다는 금융자산, 그 중에서도 특히 주식과 채권 같은 조직적인 증권시장에서 거래되는 유가증권에 대한 투자를 대상으로 발달되어 왔다. 따라서, 이 장에서는 투자 대상을 주식과 채권 등의 유가증권으로 한정하여 설명한다.

일반적으로 증권(securities)이란 유가증권의 줄임말로 특정자산이나 미래의 수익에 대한 청구권을 나타내는 것이다. 투자론에서 다루는 증권은 주식과 채권 등과 같이 조직화된 증권시장에서 자유로이 거래되는 금융자산들이다. 증권에는 주식과 채권 이외에도 전환증권, 그리고 옵션과 선물 등과 같은 파생증권 등이 있다.

여기서는 가장 대표적인 증권으로서 주식(보통주와 우선주)과 채권(국채와 회사채)의 특성에 대해 간단히 설명한다.

2. 우선주

우선주는 배당을 우선으로 하여 나눠준다는 뜻을 가지고 있다. 외국의 경우 우선주의 가격이 의결권을 가진 보통주보다 가격이 높지만, 배당성향이 낮은 우리나라는 보통주의 가격이 우선주보다 높다. 또한 기업의 청산시 채권자의 다음으로 우선주주가 배분을 받기 때문에 안정성도 보통주보다 크다고 할 수 있다.

3. 펀드 이야기

펀드가 무엇이고 사람들이 왜 펀드에 대해 이야기를 하는가에 대한 부분을 정확하게 이해하고 가야 한다. 펀드라는 것은 "수익을 목적으로 여러 사람이나 기관, 단체의 돈을 모아 투자하는 모임"이다.

3명의 어린이, 정희, 두환, 대중이. 만약 700원짜리 과자를 먹고 싶다고 했을 때 정희는 500원, 두환이는 400원, 대중이는 300원을 가지고 있다. 그럼, 정희, 두환이, 대중이 셋 중 어느 누구도 혼자서는 과자를 사먹지 못한다. 그럼 어떻게 해야 할까? 돈을 합쳐서 각각 얼마씩 내어서 700원을 만들면 과자를 먹을 수 있게 된다. 이렇게 모인 정희와 두환이, 대중이는 "과자 펀드"를 형성하게 되는 것이다.

펀드란 무엇인가! 하나의 힘으로 수백, 수천, 수만의 힘이 된다.

요즘 펀드에 관심이 많다. 펀드 이야기는 너무나도 많이 들었을 것이다. 펀드라는 것이 고객들에게 수익을 보여주기 때문에 관심을 끈 것이 사실이다. 하지만, 바로 "기관의 힘, 펀드의 힘"이라고 말하는 힘을 말이다. 이렇게 삼삼오오 전국, 해외에서 모여들다 보면 많은 돈이 모인다. 수십억에서 수백억 심지어는 수천억의 투자금을 형성하게 된다. 그럼 이 돈으로 투자 못하는 대상은 거의 없다. 주식을 사도 대규모로 사서 상승을 이끌어내고 또 팔게 되면 대규모로 팔기 때문에 하락 또한 만만치 않다. 그리고 우리가 흔히 구매하는 펀드는 전문 펀드매니저에 의해서 관리가 되므로 펀드마다 수익률을 다를 수 있지만 대체적으로 최선을 다하는 분들의 손에 의해서 운용되고 있다. 그래서 우리들은 생업에 종사하며 열심히 삶을 살아가고 있을 때 저분들이 열심히 분석해서 투자하고 그 투자 성과로 자신들의 입지를 높이는 것이다. 만약, 성과가 좋지 않다면 다른 펀드만큼 해주지 않는다면 매몰차게 투자자들은 갈아타기를 하게 된다. 그렇기 때문에 피말리는 전쟁을 겪게 되는 것이다. 펀드는 "규모를 형성하고 있다. 전문성을 보유한 사람에 의해서 운용된다." 이 두가지가 생명이다.

제주 하얏트호텔

학습토론

1. 세금의 정의와 종류를 설명하시오.

2. 부가 가치세란?

3. 기업의 법인세에 대해 설명하시오.

4. 기업의 배당 이란?

5. 우선주에 대해 설명하시오.

회계사 자격 전문직

제1절 회계사가 되기 위해

1. 회계사

1) 회계사라는 직업

기업은 재무제표를 발행하죠, 재무제표는 기업에서 한 해 동안 벌어들인 수익과 비용, 그리고 현재 가지고 있는 자산과 부채 자본 등에 대한 정보를 정보이용자들에게 보여주기 위해서 자료를 산출해낸다. 회계사는 이 재무제표가 적정하게 작성이 된 것인지를 확인하고 검토하는 일을 한다고 보면 될 것이다.

회계사는 회계감사 뿐만 아니라 세무업무, 컨설팅 등 다양한 업무를 할 수 있다.

2) 회계사를 하기 위해

주위에서 보면 통계학과, 컴퓨터공학과 같은 이과도 있고, 경영학과나 국문과 같은 문과도 존재한다. 하지만 대부분 경영을 전공하거나 경제 등 경상계열 사람들이 많이 있다. 대학 전공 수업에서 회계를 배우기 때문이다. 경영은 보통 문과에서 진학하기 때문에 문과에서 경제 수업을 받고 오는 것이 미약하게나마 도움이 될 수 있다.

회계사가 되기 위해서는 금융감독원에서 시행하는 공인회계사 시험에 합격해야 한다. 공인회계사 시험에 학력제한은 없으나 대학이나 사내대학, 원격대학 등에서 12학점 이상의 회계학 및 세무 관련 과목, 9학점 이상의 경영학과목, 3학점 이상의 경제학 과목을 이수한 자에 한하여 응시자격을 부여한다. 따라서 대학에서 경영학, 회계학 관련 학과를 전공하는 것이 자격증을 취득하는 데 유리하다. 공인회계사 시험에 합격한 후에는 회계법인, 공인회계사회, 금융감독원 등의 기관에서 실무수습을 받아야 한다.

3) 회계사는 전문직

의사, 변호사처럼 전문직이다. 자격증이나 시험을 통해서 얻어지는 자격이다.

의사나 변호사의 경우 자격증이 없는 사람이 의사처럼 의료행위를 할 수 없는 것처럼 회계사 역시 자격증 없이 회계사라고 할 수 없다. 일종의 고유한 직종이라고 할 수 있다.

의사의 경우 종합병원에 취업하거나 개업을 하고, 사법고시에 붙으면 변호사가 되어 로펌에 취업하거나 판검사, 또는 개업을 할 수 있는 것처럼 회계사 역시 회계법인에 취업할 수도 있고, 개업을 할 수도 있다. 회계사의 경우 그 자격증으로 일반 기업 회계팀에서 일할 수 있다.

2. 회계업무 vs 세무업무

회계학과 세법은 공부내용, 접근 방식이 달라서 하나는 적성에 맞아도 다른 하나는 적성에 맞지 않을 수도 있다. 그러나 대부분의 경우 재무회계업무와 세무업무는 동시에 이루어지는 경우가 많다. 회계처리 시에 세법에 대한 영향을 고려하지 않을 수가 없기 때문이다. 일반회사에서는 순수하게 제조업에서의 원가회계나 기획팀 등에서 사용하는 순수한 관리회계업무를 하지 않는 한 세무업무도 병행하게 마련이다. 회계사의 경우 주로 회계감사나 회계용역을 수행하게 되는데 이때에도 세무적인 영향을 전혀 배제하지는 못한다. 세무공무원이 되었을 경우에도 법인세나 부가세 관련 업무를 하게 된다면 재무회계적 지식이 필요하다. 소득세 같은 경우에는 좀 다를 수도 있다.

3. 자격증

회계사는 보통 회계법인에 들어가서 회계감사 및 기타 회계와 관련된 용역들을 수행한다. 그 외에 일반회사, 금융회사, 공기업이나 기관 등에 취업을 하기도 하고 개업을 하거나 회계법인을 만들기도 한다. 회계업무를 주로 하고 싶거나 취업을 하고 싶다면 회계사를 공부하는 것이 맞다.

세무사는 보통 세무사 사무실에서 6개월의 연수를 마치면 바로 개업을 하는 경우가 많다. 그 외에 회계사와 마찬가지로 일반회사, 금융회사, 공기업에 취업을 하거나 세무법인에 들어가는 경우도 있다. 세무사는 결국 개업에 특화된 자격증이다. 따라서 개업을 하고 싶다면 세무사를 공부하는 것이 더 좋다.

그 외에 회계사/세무사 자격증을 보유한 채로 공무원시험을 볼 수도 있다(가산점 3%~5%). 공무원이 될 것이라면 시너지 효과로 봤을 때는 세무사 자격증이 훨씬 좋다.

1. 주식회사의 자본

1) 주식회사

흔히들 회사나 기업이름 앞이나 뒤에 (주)라는 이름이 들어가는 것을 보았을 것이다. 오늘은 그냥 무심히 지나치기 쉬웠지만 우리 생활에 깊숙이 관련되어 있는 (주)라는 뜻과 주식회사의 의미에 대해 알아보겠다.

주식회사란 자기가 인수한 주식의 금액을 한도로 회사에 대하여 출자의무를 질 뿐 회사채권자에 대하여는 전혀 책임을 지지 않는 사원(간접유한 책임사원), 즉 주주로만 구성되는 회사를 말한다.

어디까지나 회사의 일종이기 때문에 사단법인(社團法人)이며 영리를 목적으로 한다. 주주라는 다수의 출자자에 의하여 만들어진 기업형태로 상법의 규정에 따라 정관 작성, 주식 발행에 의해 자본금 조달, 발행한 주식대금을 전액 납입 받아 법원에 설립등기한다.

(1) 주식회사의 특징

주식회사는 사원의 개성과 회사사업과의 관계가 극도로 희박하여, 실질적으로는 자본 중심의 단체이며 물적회사의 전형이다. 전형적인 자본단체로서 회사의 소유와 경영이 분리되는 현상이 가장 뚜렷하다.

즉, 주식회사는 주주의 변동이 회사의 존재 및 경영에 미치는 영향이 가장 적은 회사형태로서 항구적인 사업을 경영하기 위하여 흔히 이용된다. 또, 주식과 사채를 발행하여 불특정 다수인으로부터 대자본을 조달할 수 있어 회사설립 후 지속적인 성장이 가능하다.

주식회사의 사원인 주주의 지분을 주식으로 세분화되어 그 양도가 자유로워 주주는 언제든지 주식의 양도로서 투자한 자본을 용이하게 회수할 수 있다. 주주는 유한책임을 지기 때문에 회사가 해산하는 경우, 종국에 가서 주식을 포기함으로써 더 이상의 책임을 지지 않을 수 있다.

주식회사의 자본은 전부 주식으로 분할하여야 하며(상법 329조 2항), 주식은 자본의 구성분자인 금액을 의미한다. 각 주주는 자기가 가지고 있는 주식금액의 자본액에 대한 비율로 회사사업에 참여하고 회사재산에 대한 몫을 가지고 있으므로 주주의 회사에 대한 권리와 의무는 주식을 단위로 하여 정하여진다. 또, 각 주식의 금액은 균일하여야 하며(329조 3항), 이로 인하여 각 주식은 평등한 대우를 받게 된다.

주식회사는 법률상 반드시 의사결정기관인 주주총회, 업무집행과 대표기관인 이사회·대표이사와 감독기관인 감사의 세 기관을 가져야 한다. 이 밖에 상법은 필요한 경우 검사인이라는 임시감사기관을 인정하고 있다. 이와 같이 기관이 전문적으로 그 권한이 나누어지고, 사원자격과 기관자격이 분리된다. 상법은 필요기관을 세 기관으로 나누고 있으나, 자본구성에서 수권자본제도를 채용하는 동시에 경영기관의 합리화를 도모하여 회사의 최고기관인 주주총회의 권한을 상법과 정관에 정한 사항만 결의할 수 있게 하였다(361조). 또한 업무집행기관에 이사회제도를 채용하여 권한을 강화하고 감사의 권한을 회계감사만으로 한정하고 있다.

위에서 잠깐 언급했듯이 주주는 회사에 대하여 인수한 주식의 가액을 한도로 출자의무를 부담할 뿐이고, 그 밖에 아무런 의무도 부담하지 않는다(331조). 이것을 주주유한책임의 원칙이라고 하며, 특히 회사채권자에 대하여 주주는 전혀 책임이 없다. 또 출자의 목적물은 금전 그 밖의 재산이고, 신용 또는 노무의 출자는 인정되지 않는다.

또 한가지 재미있는 것은 주주는 주주총회의 결의에는 참가하지만, 업무집행에 당연히 참여하는 것은 아니다. 쉽게 생각하자면 프리랜서의 개념 정도로 이해할 수 있다.

상법은 주식회사의 회계에 관하여 강행규정으로 상세하고 신중한 규정을 두고 있다(447조 이하). 예를 들어 새로 자금조달을 필요로 하는 경우에는 신주발행에 의하여 자기자본을 증가시킬 수 있지만 회사기구를 확장하지 않고 장기이며 큰 금액의 자금이 필요한 경우, 회사가 채권을 발행하여 일반 공중으로부터 영세한 자금을 흡수하여 거액의 자금을 구성하는 타인자본의 조달방법으로, 상법은 사채제도를 인정하는 것으로 볼 수 있다(469조).

주식회사가 해산할 때에는 합병과 파산의 경우를 제외하고 청산 절차를 밟게 되므로(531조 1항), 회사는 청산의 목적 범위 내에서 존속하게 된다(245·542조). 이 경우 영업수행을 위한 기관인 이사회에 갈음하여 청산인회가 집행기관이 된다. 주식회사의 청산에는 합명회사에서와 같은 임의청산은 인정하지 않으므로, 반드시 법정청산의 엄격한 절차에 의하여야 한다.

가. 수권자본제도

설립시 발행할 주식총수(수권주식)의 1/4 이상을 발행, 전액 납입 받아 설립등기 잔여주식은 회사설립 후 이사회의 결의로 수시로 발행, 자금 조달하는 제도이다.

나. 주식회사의 설립방법

① 발기설립: 발행한 주식을 발기인이 인수하고 주식대금을 납입하여 회사를 설립

② 모집설립: 발기인이 발행한 주식의 일부만 인수, 나머지는 일반투자자에게 공모하여 설립

　· 주식청약시: (차변) 별단예금 (대변) 신주청약증거금

　· 주식발행시: (차변) 신주청약증거금, 당좌예금 (대변) 자본금, 주식발행초과금, 별단예금

＊ 회사가 발행한 주식의 총수(수권주식)를 정관에 기재

＊ 1주의 액면금액은 ₩100 이상 균일금액이어야 한다.

* 회사주식회사의 설립에 있어서는 정관에 설립시에 발행하는 주식의 총수와 1주의 금액을 기재하고 주식인수인의 확정, 이사·감사의 선임 등 회사의 실체를 구성하는 절차가 정관작성과 설립등기 외에 필요하다. 설립방법은 실체를 구성하는 절차에 따라서 발기인만이 설립시에 발행하는 주식총수를 인수하는 발기설립과 발기인이 주식총수의 일부만을 인수하고 나머지의 주식은 발기인 이외에 주주를 모집하는 모집설립의 2가지로 나누어진다.

쉽게 정리해 3인 이상의 발기인이 발기인조합을 구성하여 상법이 정하는 바에 따라 정관 작성, 주식 인수 및 주금납입 등 일정한 절차를 거쳐 법원에 설립등기를 함으로서 설립되는 것이다.

예를 들어 실제로는 대표이사 1인, 이사 2인, 감사 1인으로 구성되는 4명이 보통이다. 설립시의 최저 자본금은 5천만원 이상이어야 한다.

2) 주식의 발행

- 평가발행(액면금액 = 발행가액)
- 할증발행(액면금액 < 발행가액): 초과액은 주식발행초과금계정으로 처리
- 할인발행(액면급액 > 발행가액): 부족액은 주식할인발행차금계정으로 처리

3) 주식발행비의 회계처리방법

- 회사설립시 지급된 주식발행비는 창업비에 포함
- 증자시 지급된 주식발행비는 주식의 발행가격에서 차감적으로 회계처리

2. 잉여금

1) 잉여금

자산총액에서 부채총액을 차감한 순자산 중 자본금을 초과한 부분

✎ 자본거래에서 발생한 자본잉여금
✎ 손익거래에서 발생한 이익잉여금

2) 주식회사의 자본

✎ 자본: 자본금 − 1주의 액면금액 × 발행주식수

· 자본잉여금: 자본거래에서 발생한 잉여금
· 자본조정항목: 자본에서 가감하는 성격을 가진 일시적인 자본항목
· 누적기타포괄손익: 실현되지 않는 손익으로 당기손익에 반영되지 않는 항목
· 이익잉여금: 손익거래에서 발생한 잉여금

3) 자본잉여금

영업활동과 관련없는 자본거래에서 발생한 잉여금, 결손보전과 자본전입 이외에는 처분할 수 없다.

· 주식발행초과금: 주식을 액면가격 이상으로 발행시 액면을 초과한 발행금액
· 감자차익: 발행주식의 매입소각시 주금의 환급액 또는 결손금 보전액 보다 큰 경우 차액
· 기타자본잉여금(자기주식처분이익 등): 자기주식을 매입, 처분할 때 원가보다 높게 처분시 차액

3. 이익잉여금

손익거래의 순이익이 주주에게 배당되지 않고, 이부가 사내에 유보·축적되어 발생된다.

1) 이익준비금

① 상법규정에 의해 자본금의 1/2에 달할 때까지 매 결산기, 금전에 의한 이익배당액의 1/10 이상의 금액을 적립하도록 한 법정적립금이다.
② 결손보전과 자본전입 이외에는 사용 못한다.
③ 이익준비금이 자본금의 1/2을 초과하여 적립되어 있는 경우, 초과액은 임의적립금으로 본다.

2) 기타법정적립금

상법 이외의 법령에 의해 의무적으로 적립해야 하는 법정적립금이다.

① 기업합리화적립금: 조세특례제한법 제123조에 의해 세액공제, 세액감면, 소득공제를 받는 경우 공제받은 세액상당액을 적립하는 적립금, 현재 강제적립제도는 폐지되었다.
② 재무구조개선적립금: 상장법인의 경우 상장법인재무관리규정 제10조에 의해 적립된다.

3) 임의적립금

회사의 정관규정이나, 주주총회의 경의 등에 따라 임의로 적립한다.

① 적극적적립금: 기업의 순자산을 증대시키기 위한 목적, 목적이 달성되면 별
   도적립금에 대체 사업확장적립금, 간채적립금 등
② 소극적적립금: 회사의 순자산이 감소할 것을 대비하여 적립, 목적달성시 소
   멸, 별도적립금, 결손보전적립금, 배당평균적립금 등

4) 미처분이익잉여금

손익계정에서 산출된 당기순이익과 이월이익잉여금잔액을 대체한다.

① 주주총회의 결의에 따라: 이익준비금, 기타법정적립금, 이익잉여금처분에 의
   한 상각액, 주주배당금, 임의적립금 등으로 처분, 잔액은 차기이월이익잉여금

5) 손익의 처분

① 순이익의 처분: 손익계정에서 산출된 당기순이익을 미처분이익잉여금에 대
   체, 주주총회 결의에 따라 처분, 잔액은 차기이월
② 미처분이익잉여금 = 전기이월이익잉여금(또는 전기이월미처리결손금) ± 회계처리
   기준 변경의 누적효과 ± 전기오류수정손익 − 중간배당액 ± 당기순손익
③ 미처분이익잉여금의 처분: 미처분이익잉여금에 임의적립금 등의 이입액을 합
   계한 금액에서 이익준비금, 기타법정적립금, 이익 잉여금처분에 의한 상각,
   주주배당금, 임의적립금 등의 순서로 처분, 잔액은 차기이월
④ 이익잉여금처분 확정시기: 차기초에 개최되는 주주총회의 승인을 받은 뒤에
   행해지므로 대차대조표에는 미처분이익잉여금으로 표시

▦ 이익잉여금의 처분순서

① 이익준비금의 적립액

② 기타법정적립금의 적립액

③ 이익잉여금처분에 의한 상각액(주식할인발행차금상각등)

④ 주주배당금

⑤ 임의적립금 적립액

- 순손실의 처리: 손익계정에서 산출된 당기순손실을 미처이결손금계정에 대체, 주주총회 결의에 따라 처분, 잔액은 차기
- 미처리결손금 = 전기이월결손금(또는 전기이월이익잉여금) ± 회계처리기준 변경의 누적효과 ± 전기오류수정손익 ± 중간배당액 ± 당기순손익
- 미처리결손금의 처리: 이월이익잉여금, 임의적립금, 기타법정적립금, 이익준금, 자본잉여금의 순으로 보전처리, 잔액은 차기이월

🧮 결손금의 처리순서

임의적립금, 기타법정적립금, 이익준비금, 자본잉여금

4. 자본조정항

✎ 자본총계 = 자본금 + 자본잉여금 + 이익잉여금 ±자본조정계정

✎ 자본조정계정

- 차감계정: 주식할인발행차금, 배당건설이자, 감자차손, 자기주식처분손실 등
- 가산계정: 미교부주식배당금, 신주청약증거금 등

1) 주식할인발행차금

✎ 주식발행시 주식을 액면가액 이하로 발행하는 경우, 액면금액에서 발행가액

을 차감한 차액 이익잉여금처분항목

- 주식발행연도부터 3년 이내의 기간에 매기 균등액을 상각, 미상각잔액은 대차대조표의 자본에서 차감
- 주식발행초과금잔액이 있는 경우 상계 후 계상

2) 배당건설이자

- 설립후 2년 이내에 영업을 개시할 수 없는 경우, 정관규정에 의해 개업전 일정 기간동안 자본금의 연 5% 이내에서 주주들에게 배당
- 자본의 차감항목, 개업후 연 6% 초과배당시 6%를 초과한 금액과 동일액 이상을 상각 배당건설이자상각액은 이익잉여금 처분항목

5. 기타 포괄손익누계액

- 결산일 현재 미실현된 손익계상액중 당기손익에 반영되지 않는 항목의 이익과 손실액을 과목별로 상계 후 잔액
- 매도가능증권평가이익, 매도가능증권평가손실 등을 말한다.

학습토론

1. 주식회사 설립과 방법에 대해 설명하시오.

2. 주식의 발행 3가지를 설명하시오.

3. 주식회사의 자본 이란?

4. 임의 적립금이란?

5. 이익 준비금이란?

호텔회계원론

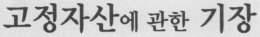
고정자산에 관한 기장

제1절 고정자산의 취득

1. 고정자산 취득

기업 경영상 비교적 장기에 걸쳐 계속적으로 사용 소유하는 자산을 말한다. 유형 무형 구별에 따라 유형 고정 자산과 무형 고정 자산으로 구분 한다. 유형 고정 자산은 구체적 존재 형태가 있는 자산으로서 영업용의 토지, 건물, 비품, 차량 운반구 등이 있으며 무형 고정 자산은 구체적 존재 현태는 없으나 법률상의 권리에 의한 자산이다.

특별히 고정자산을 취득하였을 경우 취득에 소요된 모든 부대비용은 취득 원가에 가산한다.

1) 토지 계정

영업용 토지의 취득과 매각을 기입 처리하는 계정이다.

① 영업용 토지를 매입 하였을 때에는 매입 가액과 취득시의 일체 비용 즉, 중개인의 수수료 소유권 등록세, 정지비, 수도 전기 설비 등을 취득 가액으로 하여 토지 계정의 차변에 기입한다.

② 소유 토지의 일부 또는 전부를 매각 처분 하였을 때에는 취득 가액대로 이 계정의 대변에 기입하고, 매각액과 취득 원가와의 차액은 고정 자산 처분 이익(또는 손실) 계정을 설정하여 처리한다.

2) 건물 계정

영업용 건물, 창고 등을 매입하거나 신축 하였을 때 처리하는 계정이다.

① 건물을 매입 하였을 때에는 매입 가액과 중개인의 수수료 소유권 등록세 외에 사용 전에 지출된 수선, 개량비 등을 건물의 취득 가액으로 하여 건물 계정의 차변에 기입한다.

② 건물을 처분하였을 때에는 취득 가액(가접법)대로 이 계정의 대변에 기입하고 매각액과 미상각 잔액과의 차액은 고정 자산 처분 이익(또는 손실) 계정을 설정하여 처리한다.

✐ 주의: 건물을 신축하는 경우 건물이 완공되기 전, 완공될 때까지의 비용 지출은 건설 가계정에 기입하였다가 건물이 완공되면 건물 계정에 대체한다.

3) 비품 차량 운반구 계정

① 비품 계정: 영업용 책상, 금고, 계산기, 타이프라이터 등을 처리하는 계정이다.

② 비품을 취득하였을 때에는 비품 계정의 차변에 매입 가액은 물론, 매입 하기
   까지에 소요된 모든 비용을 원가에 가산한다.

4) 영업권 계정

오랜 시일 영업 해온 결과 사업상 유리한 조건, 사회적 신용, 유리한 위치, 기술
의 특색 등으로 인하여 동종의 다른 기업보다 초과 수익력을 가지고 있을 때 이
기업을 양수할 경우 순재산을 초과하여 지급하는 대가를 영업권이라 한다.

5) 특허권, 실용 신안권, 의장권 계정

① 특허권: 일정기간 발명품에 대하여 독점적으로 이용할 수 있는 권리
② 실용 신안권: 물건의 구조와 용도를 고안되어 전용할 수 있는 권리
③ 의장권: 미관을 위조로 물품의 형상, 도안 등을 전용할 수 있는 권리

6) 광업권, 어업권, 차지권 계정

① 광업권: 광구에서 광물을 채굴할 수 있는 권리
② 어업권: 일정한 수역에서 어업을 경영할 수 있는 권리
③ 차지권: 임차료, 즉 타인의 토지를 사용하여 수익할 수 있는 권리

✎ 참고: ① 법률상의 권리를 나타내는 무형 고정 자산 : 특허권, 의장권, 상표권,
   광업권, 어업권, 전화 가입권, 전세권 등
   ② 법률상의 권리와 관계없는 사실상 가치의 무형 고정자산 : 영업권

1. 조합 기업의 회계

2명 이상의 상인이 자본과 노동력을 공동 출자하여 영속적으로 사업을 영위 하는 것을 조합이라 한다. 조합 회계의 기장법은 개인 상점의 기장 방법과 대체로 같으나, 출자 관계 및 손익의 배부에 있어서는 다르다.

1) 조합 기업의 자본금

두사람 이상이 출자하여 조합을 만들어 영업을 하는 경우에는 조합 자본의 증 감은 조합원의 성명을 붙인 자본금 계정으로 처리한다.

> 예 갑 현금 ₩1,000,000을 상품 ₩500,000을 출자 하여 영업을 개시한다.
>
> (차) 현금 1,000,000 　　(대) 갑 자본금 1,000,000
>
> 상품 500,000 　　　　을 자본금 500,000

2) 조합원의 계정

개인적으로 조합원에 대해서 발생한 일시적인 대차 관계는 각 조합원의 이름을 붙인 조합원 계정으로 처리한다.

> 예 갑 조합원이 현금 ₩100,000을 인출하다.
>
> (차) 갑 조합원 100,000 　　(대) 현 금 100,000

3) 손익의 분배

순손익의 분배는 조합의 계약에 따라 결정하는 것이 원칙이다.

 당기 순이익 90,000을 계상하다.

(차) 손 익 90,0000　　　(대) 갑 조합원 60,000

　　　　　　　　　　　　　　　을 조합원 30,000

제3절　본·지점의 회계제도

1. 지점의 회계 제도

본점과 지점에 관한 회계로서 본·지점 상호간의 거래를 회계 처리하고 본·지점 재무제표를 작성하는 것이다.

1) 집중 회계제도

지점을 독립된 회계 단위로 보지 않고, 본점의 판매 사무만을 대행하는 대리점으로 보는 제동 이다. 지점에서 발생하는 모든 거래의 전표, 증빙서류와 함께 본점에 보고되어 모든 기장을 본점에서 행하게 되는 제도이다.

2) 독립 회계 제도

지점을 하나의 회계 단위로 보는 회계 제도로서 지점은 완전 독립된 장부 조직을 갖추고 지점 독자적으로 모든 장부를 작성하는 제도이다.

1. 법인[法人]이란?

자연인 이외에 법률에 의하여 권리능력이 인정되어 있는 법적 인격자를 말한다.

사회에 있어서 법적활동을 하는 것은 자연인만이 아니고, 일정한 목적으로 결합한 사람의 단체(사단)나 일정한 목적에 바쳐진 재산(재단)도 권리·의무관계를 가지는 법적 활동을 한다. 이와 같은 사단 또는 재단에 법적 인격을 부여하여 권리·의무의 주체가 될 수 있게 한 것이 법인이다.

사업을 할 경우에 개인으로 사업장을 운영하는 경우도 있고, 법인으로 운영을 하는 경우도 있다.

개인은 다른 사람에게 투자를 받았다 하더라도 운영은 개인사업자 본인이 하고 자금도 개인 마음대로 지출을 할 수가 있다. 또 이익이 나면 다른 곳에 투자를 하거나 집을 사거나 세무적으로나 법적으로 아무런 제재가 없다.

법인은 엄밀히 말해서 주주 개인들의 투자에 의해서 회사가 이루어지고 주주들에 의해서 모든 사항이 결정이 난다는 것이다. 즉 대표이사와 이사 등의 임원은 엄밀히 말해서 법인의 고용원인 것이다. 그러므로 주주총회의 결의에 따라서 해임을 하고 다른 사람을 대표이사로 선임할 수도 있다는 것이다. 또 이익이 난다고 해서 대표이사 마음대로 사용할 수가 없다.

주주들의 주식 지분율에 따라서 결산시 배당을 받는 것이다.

대표이사나 이사는 월급을 받는 것이고 주주들은 투자한 만큼의 배당을 받는 것이다.

2. 회계법인 빅4

우리나라 대형 회계법인 우수인재 채용 규모는 2014년 기준 670여명 선발 예정이다.

회계법인 빅4는 다음과 같다. 삼일회계, 아진회계, 삼정회계, 한영회계 이들 회계법인에서 인재 중의 인재를 뽑기 전쟁을 하고 있다. 특히 삼일회계 법인이 매년 채용규모가 크다.

💬 공인회계사 합격자 현황과 회계법인 신입채용규모   (단위: 명)

채용연도	삼일회계법인	아진회계법인	삼정회계법인	한영회계법인
2013년	170	150	184	120
2014년	170	150	200	150

딜로이트 아진회계법인 제공

회계법인 빅4의 지난해 신입 공인회계사 채용 규모는 634명에 달해 최종 합격자 (904명)의 70.1%를 차지했다. 올해도 빅4의 채용 규모는 670여명에 이를 전망이다.

특히 국내 최대 삼일회계법인은 신입 공인회계사 모집 공고를 내고 우수인재 영입을 위한 발빠른 움직임을 보이고 있다.

올해도 지난해 170명의 신입 공인회계사를 뽑은 삼일은 작년과 비슷한 규모로 채용할 방침이다.

3. 초봉

이들 회계법인의 신입 공인회계사 초봉은 4,000만원, 아진 3,850만원, 삼정 3,800만원, 한영 3,700만원 수준인 것으로 알려졌다.

4. IFRS관리사

1) 민간자격증

『IFRS(International Financial Reporting Standards) 관리사』 자격시험은 새로운 국제회계기준 업무에 필요한 이론과 실무능력을 (사)한국CFO협회에서 검증하는 자격시험제도이다. IFRS관리사 시험의 기본 목적은 IFRS전문가를 양성하려는데 있다.

2) 도입배경

국제회계기준위원회(IASB)에서 기준을 정하여 전 세계가 이 기준에 맞춰가고 있다. 거의 모든 유럽국가를 포함해서 현재 약 110개 국가가 IFRS를 시행하고 있으며, 호주가 2005년 도입했고, 브라질은 2010년, 한국, 캐나다, 인도는 2011년에 도입하였으며, 한국은 거래소 상장기업은 모두 도입 완료하여 현재 IFRS재무제표를 작성하여 공시하고 있다. IFRS는 그동안 국가간 서로 다른 회계기준으로 사용함으로써 발생한 제반 문제점과 회계언어 장벽을 허무는 일로서 전 세계가 재무제표를 통일하는 것이다. 우리나라는 전세계적으로 IFRS 도입이 아주 빠른 시간에 도입되어 정착된 성공적인 국가로 평가되고 있다.

FRS 도입은 단순한 일부 회계기준의 개정에 그치는 것이 아니라 회계기준 접근방법에 대한 근본적인 사고방식의 변화를 의미한다. 따라서 우리 기업 스스로가 회계처리방법과 절차를 자세히 명시하는 기존의 규칙중심(rule-based)의 방식에서 벗어나 경제적 실질에 기초하여 원칙중심(principle-based)의 합리적 회계처리를 제시하는 IFRS 환경에 적응하기 위한 사고방식의 대전환이 필요하다.

3) 응시대상

- 기업 재무팀, 회계팀 임직원
- 기업 CFO가 되려고 하는 자
- 금융기관 애널리스트, 펀드매니저
- 기업가치분석, 재무제표분석, 기업신용분석 담당자
- IFRS업무 담당 공인회계사, 세무사
- 공인회계사 1차시험 준비생
- 세무사 1차시험 준비생
- 감정평가사/관세사 등 각종 회계관련 자격시험 준비생
- 기업 재무부문 및 회계부문 취업을 준비하고 있는 학생
- IFRS관련 업무에 종사하려고 하는 자

따라서 IFRS의 성공적 도입과 정착을 위해서는 우선 기업의 관련부서 임직원 및 회계분야 종사자 및 투자분석가들이 IFRS에 대한 충분한 지식을 습득하여 IFRS전문가로 탈바꿈되어야 한다. 그동안 유럽의 많은 연구들에서도 IFRS를 숙지하고 있는 회계전문가의 부족을 지적하여 왔다. 그들은 이를 위해 기업의 회계담당자, 공인회계사, 일반투자자 등이 IFRS 지식을 습득할 수 있도록 하는데 정성을 다하고 있다.

학습토론

1. 조합기업의 회계란?

2. 광업권과 어업권을 설명하시오.

3. 기업의 본점과 지점의 회계제도를 설명하시오.

4. 영업권 이란?

5. 특허권 이란?

참고문헌

고봉상(2004). 벤처기업의 경영성과 결정요인에 관한 실증연구, 박사학위논문, 아주대학교 대학원.

교육과학기술부 외(2012). 2012학년도 성취평가제 운영 매뉴얼-특성화고, 마이스터고, 종합고 전문교과용 기업과 경영, 천재교육.

권봉상(2011). 고등학교 회계원리, (주)교학사.

김기동·임태종(2014). IFRS 회계원리, 지혜의샘.

김갑수(2011). 기초부터 시작하는 원가 회계, 에듀멘트로.

김익동 외(2011). 고등학교 회계원리, 천재교육.

김희정(2011). 회계 및 세무 특성화고등학교 교육과정의 개선방향과 모형, 석사학위논문, 인천대학교 교육대학원.

박혜경(2007). 우리나라 회계교육의 설계.

백원선(2011). 수익비용대응원칙과 이익의 질, 회계학연구. 36(2), 101~127.

성백춘(2004). 2004, ERP시스템의 내부통제가 조직성과에 미치는 영향에 관한실증연구, 박사학학위논문, 대구대학교 대학원.

신정아(2006). 호텔종사원 교육훈련의 전이성과에 관한 연구, 박사학위논문, 경희대학교 대학원.

손평식(2014). 회계정보의 가치관련성과 기업지배구조, 한국거래소.

윤세남·조경희(2007). 호텔회계정보시스템품질과 회계정보이용자 만족과 가치에 미치는 영향에 관한 연구, 서비스산업연구.

윤종훈(1996). 국내 회계정보시스템의 연구경향 분석, 동국대학교 동국논문집 인문사회과학편, 제15권, pp.319~339.

이영실(2011). 전문계 고등학교의 회계 관련 교과목 개설에 관한 현황 분석.

이하지(2013). 회계정보시스템의 품질요인이 경영성과에 미치는 영향, 석사학위눈문. 한밭대학교 대학원.

이애주 · 김순하(2006). 호텔식당 직원의 교육훈련에 대한 지각이 직무 만족과 조직몰입, 고객 지향성에 미치는 영향, 호텔경영학연구, 제15권, 제5호, pp.119~135.

이준재 · 배준호 · 신홍철(2008). 호텔서비스교육이 내부고객만족과 내부마케팅에 미치는 영향 연구. 서울시내 특1급 호텔을 중심으로, 관광연구저널.

임학빈 · 이지영(2005). 우리나라의 주식시장에서 회계정보 유용성의 변동에 관한 실증연구, 대한회계학회.

안혜진(2014). 감사 파트너가 회계정보의 비교가능성에 미치는 영향. 석사학위논문, 서울대학교 대학원.

조석희(2014). 지급여력비율 수준에 따른 회계정보의 가치관련성에 관한 연구: 손해보험 산업을 중심으로, 박사학위눈문, 한양대학교 대학원.

전영순 · 정도진(2009). 국제회계기준 도입에 대한 주가반응, 회계와 감사연구, 49, 24~282.

최종애 · 최웅(2004). 호텔식음료교육이 직무만족과 경영성과에 미치는 영향. 음료교육을 중심으로 관광. 레저연구.

최종서 · 곽영민 · 백정한(2010). 코스닥 신규상장 기업의 이익조정과 경영자의 사적이익 추구, 회계학연구. 제35권 제3호.

한원윤(1999). 조직의 서비스지향성이 기업성과에 미치는 영향에 관한 연구, 석사학위논문, 서강대학교 대학원.

한인구(1992). 회계정보시스템 연구에 대한 개관, 회계학연구.

인터넷 구글, 네이버, 다음 등 참고.

강 재 구

- 경북 안동 출생
- 안동고등학교
- 울산대학교 조선해양공학과
- 동국대학교 호텔관광경영학과
- 동국대학교 호텔관광경영학 석·박사
- 현) 동국대학교 호텔관광경영학부 호텔회계 교수

■ 저서
- 체험관광론(2012)
- MICE산업이해(2015)

■ 논문
- 자전거 여행탐방의 설득 메시지와 설득원의 효과 및 영향요인(2009)
- 향토음식의 스토리텔링 인지여부가 지각된 가치 및 태도와 행동의도와 관계 연구(2010)
- 안동고택체험에 대한 고택이용자의 지각된 서비스 품질과 만족에 관한 연구(2010)
- 문화의 다양성에 언론보도에 따른 이슬람음식의 사회적 거리감의 차이(2011)
- 언론보도에 따른 이태원관광특구 이슬람음식의 사회적 거리감(2012)
- 상사와 부하 감성지능이 변혁적 리더십, 팀 긍정정서, 팀 창의성, 팀 효율성 및 팀 성과에 미치는 영향(2013)
- 향토음식 헛제사밥의 경험가치, 태도 및 행동의도에 관한 연구(2014)

하 동 현

- 동국대학교 경영학과(경영학사)
- 미국 Ohio대학교 M.B.A.(경영학석사)
- 세종대학교 경영학박사(마케팅 전공)
- 동국대학교 관광경영학과(부) 주임교수, 학부장(역임)
- 동국대학교 문화관광산업연구소 전·현 소장
- 한국호텔관광학회, 한국호텔외식경영학회 부회장 역임
- 한국관광서비스학회, 대한관광경영학회 회장 역임
- 동국대학교 경주캠퍼스 관광대학 학장 역임
- 현) 동국대학교 사회과학계열대학 교수

■ 연구실적
- 여가와 인간행동(역서), 백산출판사, 2006.
- 관광사업론, 대왕출판사, 2011.
- 패밀리 레스토랑에서의 관계혜택, 브랜드애착, 브랜드 충성도 간의 관계, 2011 외 다수.
- 호텔경영론, 한올출판사, 2013.

박 진 영

- 계명대학교 관광학 석사, 대구대학교 관광학 박사
- 김천대학 관광호텔경영계열 교수 역임
- 경주힐튼호텔 객실부, 대구 수성관광호텔 판촉부 지배인
- 대한관광경영학회 사무국장, 편입위원장 역임
- 현) 경주대학교 호텔경영학과 부교수, 한국게스트하우스학회 회장

■ 저서
- 호텔객실경영론, 호텔객실실무, 관광객행동의 이해 등 다수

호텔회계원론

2015년 1월 15일 초판1쇄 인쇄
2015년 1월 20일 초판1쇄 발행

저 자   강재구·하동현·박진영
펴낸이   임순재
펴낸곳   **한올출판사**
등록 제11-403호
①②①-⑧④⑨
주   소   서울시 마포구 성산동 133-3 한올빌딩 3층
전   화   (02) 376-4298 (대표)
팩   스   (02) 302-8073
홈페이지   www.hanol.co.kr
e-메 일   hanol@hanol.co.kr
정   가   **15,000원**

■ ISBN 979-11-5685-042-7